한국 교회, 패러다임을 바꿔야 산다
변화와 갱신을 위한 로드맵

한국 교회, 패러다임을 바꿔야 산다
변화와 갱신을 위한 로드맵

이학준 지음

목차 ...

| | |
|---|---|
| 추천의 글 1  그렉 매스트 | 9 |
| 추천의 글 2  리처드 마우 | 11 |
| 추천의 글 3  이만열, 김동호, 임성빈 | 13 |
| 감사의 글 | 15 |

# 서론_ 한국 개신교, 지금 어디에 와 있나? — 17

| | |
|---|---|
| 기로에 선 한국 개신교 | 19 |
| 신학적 성찰의 필요 | 26 |
| 공적 영성으로의 부름 | 29 |
| 이 책의 목적과 바람 | 32 |

# 제1장 한국 개신교, 역사상 최대의 위기 앞에 서다 — 35

| | |
|---|---|
| 위기의 증상들 | 36 |
| 한국 개신교의 위기의 내용 | 38 |
|   1) 신앙 정체성의 위기 | 39 |
|   2) 적합성의 위기 | 48 |
|   3) 교회 내적인 한계: 전근대적 전통과 권위주의 | 50 |
|   4) 구도자 예배와 문화사역의 한계 | 57 |
| 위기의 핵심: 공적 영성의 결여 | 62 |

## 제2장 한국 교회를 결박하고 있는 세력들　69

### 공적 영성을 저해하는 요소들　71
1) 기복주의　71
2) 가족주의: 정과 연의 문화　75
3) 개교회주의　79
4) 성장논리와 우상숭배　81
5) 이분법적인 사고: 교회와 사회의 분리　84
6) 이성 경시 현상　89
7) 단순논리주의　96

### 요약　99

## 제3장 한국 교회를 담을 새 부대를 찾아서　101

### 새로운 패러다임의 구성　103
1) 기복주의에서 성서적 축복으로: 필요와 욕심의 차이　103
2) 소통하시는 하나님　107
3) 개교회주의에서 하나님 나라로　109
　　창조론의 회복과 구원론과의 균형
　　일반 계시와 특별 계시
4) 성장 위주의 교회에서 소통하는 교회로　120
5) 단순논리에서 분별력 있는 신앙으로:　124
　　신학적 사고와 윤리적 성찰의 필요성
6) 이성 경시에서 이성의 창조적 사용으로　127
　　로마서 12장: 카리스마와 이성의 조화
7) 카리스마적 목회 리더십의 공적 승화　133
8) 요약: 이기적 신앙에서 성숙한 신앙으로　137
9) 언더우드의 공적 영성　144

## 제4장 청교도들에게서 배운다    149

  청교도 신앙의 역사적 기원, 발전, 공헌    153
  청교도들의 세계관과 공적 영성    154
    1) 하나님 주권주의    154
    2) 예정론    157
    3) 창조론    158
    4) 죄론: 인간 욕망의 깊은 정체를 파악하게 하는 안목    159
    5) 성화론    160
        성화된 이성의 중요성
    6) 천직사상: 세상 속에서 세상을 변혁하는 제자도    166
    7) 만인제사장론: 청교도 교육    170
        변혁적 엘리트, 유기적 지식인으로서의 목회자
        평신도 교육
    8) 언약사상: 교회와 사회 결사체    173
        정치 윤리: 근대 시민들과 시민사회의 탄생
        경제 윤리
    9) 청교도 신앙에 대한 고찰    181

## 제5장 한국 교회의 새 영성 코드: 2=10=613 … 185

- 사회적 비전 … 186
  - 1) 생명의 강물의 비전 … 188
  - 2) 언더우드의 사회적 비전: 한국의 기독교화 … 196
- 비전 실현의 출발점: 평신도 교육 … 198
- 비전과 현장을 잇는 다리: 커리큘럼 … 199
- 커리큘럼의 예: 모세의 광야 사역 … 202
- 커리큘럼 구성의 원리: 2=10=613 … 208
- 커리큘럼 구성의 현장 … 211
  - 1) 가정 내에서의 신앙 교육 … 211
  - 2) 천직의 사명 교육 … 213
  - 3) 지역사회에서의 사역 … 216
  - 4) 시민사회와의 관계 … 217
  - 5) 대형교회의 공적 역할 … 219
  - 6) 타 종교와의 관계 … 221

## 결 론_ 아시아 대륙을 흐르는 생명의 강물이 되어 … 225

- 한국 개신교와 아시아의 기독교 문명화의 사명 … 227

## 추천의 글 1

한국 교회는 125년 전에 한국에 개신교가 전파된 이래, 지속적이고 급격한 성장을 경험해왔습니다. 현재 한국 전체 인구의 20% 이상이 그리스도인이며 이들 중 상당수가 개신교인으로 추산됩니다. 하지만 이러한 놀라운 성장의 역사가 지난 10년 동안 심각한 위기에 직면했습니다. 교인 수는 정체되고 심지어 줄어들기도 했습니다. 무슨 일이 일어난 것일까요? 다시 한번 한국 교회가 그 신실함과 생명력을 되찾기 위해서는 무엇이 필요할까요?

이학준 교수는 뉴브런스윅 신학교의 조직신학과 기독교윤리학 부교수로서, 한국 교회의 놀라운 은혜의 역사의 근간을 흔들고 있는 현재의 위기를 해석해내는 데 필요한 독특한 자질을 갖추고 있습니다. 이 교수는 한국에서 태어나 교육을 받고 도미하여 템플 대학교, 프린스턴 신학교에서 학위 과정을 마친 뒤, 뉴브런스윅 신학교에서 동양인 최초의 종신교수로 지금까지 15년 가까이 섬겨오고 있습니다. 이학준 교수는 마틴 루터 킹 목사의 삶과 사역에 관하여 미국 내에서도 인정받는 학자로서, 세 권의 책과 많은 논문을 저술하였으며, 미국에서 여러 교회와 학문적인 모임에 강사로 자주 초청받습니다. 2011년 봄에는 피츠버그 신학교의 권위 있는 셰프 강연에 주 강사로 초대받았습니다. 그는 흠 잡을 데 없는 신실한 사람이며 복음에 대한 깊은 열정을 갖고 있습니다. 한국과 미국의 이중문화 속에서 형성된 정체성은 양국에 있는 교회와 사회 가운데 작용하는 선과 해악의 사회적 힘들을 직시해서 볼 수 있는 시각과 이해할 수 있는 마음을 갖게 했습니다. 그가 가진 학자적인 통찰력과 교회에 대한 깊은 사랑은 그로 하여금 지혜와 애정을 갖고 신학을 논하게 합니다.

호러스 그랜트 언더우드는 1884년에 뉴브런스윅 신학교를 졸업하였고 이듬해 1885년에 장로교단으로부터 한국 선교를 위해 파송되었습니다. 언더우드 선교사의 이야기는 공공선을 위해 개인과 사회의 구원과 섬김을 추구한 그의 신학적 헌신의 깊이를 보여줍니다. 이러한 언더우드의 전통 위에서, 이학준 교수는 한국 교회가―짐작건대 세계 교회도 포함해서―더욱 신실하고 생명력 있는 선교와 목회를 하려면 예수 그리스도의 복음이 반드시 더 넓고 깊은 방식으로 이해되어야 함을 제안합니다. 독자들이 이 책을 통해 소망을 갈구하고 은혜에 목마른 세상을 위한 좋은 소식, 복음을 들을 수 있기를 바랍니다. 이 책을 여러분에게 추천하게 되어 큰 영광입니다.

뉴브런스윅 신학교 총장
그렉 매스트 박사

## 추천의 글 2

최근 많은 사람들이 한국을 세계적인 강대국으로 언급하는 경우를 많이 봅니다. 이러한 언급은 한국이 국제 사회에서 정치, 경제적으로 더욱 영향력 있는 구성원이 되어가고 있다는 증거입니다. 기독교 공동체에 속한 사람들 중에 세계적인 동향에 관심이 있는 이들이라면, 한국이 세계 속에서 영적으로나 신학적으로 특별한 의미가 있는 아주 중요한 나라라는 근거들을 쉽게 찾을 수 있을 것입니다. 선교와 복음 전도, 교회 성장, 역동적인 신자들의 삶, 기도의 생활, 튼실한 신학 교육과 학문성 등 모든 면에서도 한국 개신교는 그리스도의 나라를 위한 강력한 힘으로 간주되어야 합니다.

저의 친구이자 풀러 신학교의 새로운 동료가 된 이학준 교수가 쓴 이 탁월한 책은, 한국 교회에 대해 한층 더 새로운 차원의 도전을 제시하고 있습니다. 한국 그리스도인들을 둘러싼 한국 내외의 문화가 급속히 변하고 있습니다. 이런 변화는 정치, 시장, 예술, 여가 활동 영역과 같은 복음의 공동체적인 삶에 영향을 미칠 흥미롭고 새로운 기회들을 제공해주고 있습니다. 이학준 교수는 교회가 이러한 변화 속에서 영향력을 갖기 위해서는 개인적인 구원과 영적 성장에만 집중하는 것으로는 충분하지 않다는 점을 능숙하고 설득력 있게 주장합니다.

복음서 또한 우리의 사회적인 인간성에 대해 말씀합니다. 요한복음 3장 16절에서, 하나님은 개인을 구원하기 위해 예수님을 세상에 보내셨다는 놀라운 선언을 합니다. 그러나 바로 다음 절, 요한복음 3장 17절에서는 더 넓은 맥락으로 이 선언을 끌어내어, 그 아들이―지금은 죄로 말미암아 왜곡되었지만 선한 창조의 세계(cosmos)를 의미하는―세상에 오셨던 것은 세상을 심판하려 하심이 아니라 아들로 말미암아 세상이 구원을 얻게 하려 하심이라고 선포합니다.

이 책은 그리스도가 이 땅에 오셔서 이루셨던, 개인과 사회 모두를 아우르는 하나님의 총체적인 구원사역을 한국 교회가 잘 이어받아 감당할 것을 강력히 요청하고 있습니다. 복음의 풍성함에 이르는 길을 새로운 방법으로 모색하는 이 책으로 인해 한국의 많은 그리스도인들이 가르침을 얻고 복을 누릴 수 있기를 기원합니다.

풀러 신학교 총장
리처드 마우 박사

# 추천의 글 3

한국 교회를 우려하는 목소리가 높습니다. 그러나 그중 피상적인 관찰을 넘어 신학적·영성적 내면을 들여다보는 성찰은 많지 않습니다. 초대 선교사 언더우드의 모교인 뉴브런스윅 신학교 교수로 오랫동안 재직했고 이제 풀러 신학교에서 섬기게 될 저자는 이 책에서 한국 교회의 위기를 점검하면서 그 원인을 진단하고 차원 높은 활로를 제시합니다. 한국 교회를 고민하는 목회자, 신학생 및 기독교 지성인들이 이 책을 읽고 생명적 개혁운동에 과감히 뛰어들 수 있을 것으로 기대하면서 필독을 권합니다.

숙명여대 명예교수, 전 국사편찬위원장
이만열

우리 한국 교회는 비탈길에서 미끄러지고 있습니다. 빠른 속도로 추락하고 있으며 그 추락의 끝을 가늠하기 어려워 보입니다. 이럴 때일수록 우리는 정신을 바짝 차리고 우리가 어디서부터 추락하기 시작했는지, 추락의 원인은 무엇인지, 어떻게 하면 이 추락의 비탈길에서 탈출할 수 있을지를 찾아보아야만 합니다. 이러한 때에 뉴브런스윅 신학교에서 동양인으로는 최초의 종신교수로 섬긴 이학준 교수가 『한국 교회, 패러다임을 바꿔야 산다』라는 책을 출판하게 되었습니다. 신학자의 깊고 예리한 통찰력과 한국 교회를 사랑하는 뜨거운 마음이 드러나는 책입니다. 이 책을 통하여 우리 한국 교회가 새로운 활로를 찾기를 바라는 간절한 마음으로 추천합니다.

높은뜻연합선교회 대표목사
김동호

이 책은 위기의 한국 교회를 향한 저자의 애통하는 마음이 신학적 진단과 처방으로 승화된 역작입니다. 얄팍하고 왜곡된 우리의 신앙과 구부러지고 막힌 사회와의 소통을 공적 영성을 토대로 한 신학적 실천으로 극복하자는 제안은 신학적 충실성, 통전성, 적합성, 실천성의 관점에서 매우 탁월합니다. 특별히 청교도적 신앙과 언더우드에 대한 명료한 조명은 한국 교회의 신학적 터전을 공고히 하는 역할을 할 것입니다.

장로회신학대학교 기독교와문화 교수,
기독교윤리실천운동 공동대표
임성빈

## 감사의 글

이 글이 나오기까지 많은 분이 제게 영향을 끼쳤고 또 많은 수고로 도와주셨습니다. 멀리는 한국 민족을 사랑한 언더우드 선교사님과 그 가족들의 공적 영성 목회, 언더우드 국제 심포지엄을 통해 이루어진 새문안교회의 이수영 목사님과 언더우드 기념 사업회 위원들, 여러 신학자, 목회자들과의 대화와 만남은 저로 하여금 한국 교회에 대해 많은 생각을 하게 했습니다. 가까이는 뉴브런스윅 신학교의 한인 학생들과 새물결플러스의 김요한 목사님과 편집진들이 좋은 비평과 교정으로 이 글이 다듬어지도록 도와주었습니다. 또한 추천의 글을 써주신 그렉 매스트 총장님과 리처드 마우 총장님, 이만열 교수님, 김동호 목사님, 임성빈 교수님께도 깊은 감사를 드립니다. 부족한 제가 계속해서 영적으로 성숙해가도록 격려해주고 기도해주신 부모님, 한국 모교회(서대전중앙교회)의 이라원 목사님, 사랑하는 친구들(박인규 목사, 윤태웅 목사, 박재환, 이동진), 동생 이상학 목사, 그리고 꼼꼼히 원고를 봐주고, 내조와 헌신을 다한 사랑하는 아내에게 깊은 고마움의 뜻을 전합니다.

2011년 부활절
미국 뉴저지 주 뉴브런스윅 언더우드 동산에서
이학준

### 서론

# 한국 개신교, 지금 어디에 와 있나?

미국 뉴저지 주는 미국의 전체 50개 주(州) 중에 네 번째로 작은 주입니다. 한국에는 잘 알려져 있지 않지만, 사실 이곳은 한국의 개신교도들에게는 마치 영적인 고향과도 같은 곳입니다. 한국에 온 최초의 개신교 선교사 호러스 그랜트 언더우드와 헨리 아펜젤러가 신학을 공부한 뉴브런스윅 신학교와 드류 신학교가 모두 이곳에 있기 때문입니다(현재 필자는 언더우드 선교사가 졸업한 뉴브런스윅 신학교에서 동양인 최초 종신 교수로 봉직하고 있습니다).

26세의 젊은 청년 언더우드가 한국에 도착할 무렵, 한국은 풍전등화 같은 위기 속에 놓여 있었습니다. 국가적으로 가장 어렵고 힘든 때에, 언더우드는 복음을 통해 한국 백성들의 마음을 위로했을 뿐만 아니라 한국 민족이 개화할 수 있는 새로운 세계관과 삶의 방식을 제시하려고 하였습니다.

언더우드와 함께 사역했던 한국 교회는 초창기부터 뜨거운 신앙 열정이 있었습니다. 선교사들이 들어오기 전에 성서의 일부가 이미 번역되었고, 선교사들이 온 후에도 먼저 평신도들끼리 모여 교회당을 세운 뒤에 선교사들을 초빙하여 교회를 조직하곤 하였습니다. 한국 초기 교회는 언더우드와 호흡이 잘 맞는 헌신과 열정을 진작부터 갖고 있었던 것입니다. 당시 한국 개신교는 인구의 2%가 채 안 되는 소수였음에도 불구하고 일제의 식민통치하에서 세계를 놀라게 한 비폭력 삼일만세운동을 이끌었습니다. 전국 방방곡곡에 걸쳐 삼일만세운동이 일어난 곳마다 교회가 있었습니다. 우리의 믿음의 선배들은 예수 믿는 것을 근대화와 신학문을 수용하는 것으로 이해했고, 또 은자의 나라 조선이 세계와 교류하며 어깨를 나란히 하는 것이라 여겼으며, 나라와 민족을 사랑하기에 독립운동과 자유 보존에 앞장서는 것으로 받아들였습니다. 한국의 초기 개신교는 민족의 아픔을 품고 민족의 근대화와 계몽에 앞장섬으로써 역사 속에서 민족의 공신력을 얻었습니다. 그래서 당시의 개신교회는 사회와 대중으로부터 존경을 받았습니다. 심지어 교회에 다니지 않는 사람들도 예배당 건축에 헌금을 보내올 정도였습니다. 많은 젊은이들이 개신교를 받아들이고, 교회에서 훈련받아 나라의 지도자가 되었습니다. 그리스도인들 중에 독립운동가, 학자, 교육가, 음악인, 여성지도자들이 많이 배출된 것은 물론이거니와 기독교의 발전이 한국의 근대화를 의미했으며 결과적으로 오늘날 한국이 세계 속으로 뻗어 나가는 데 큰 공헌을 하였습니다. 이런 이유로 개신교는 한국에서 불교, 유교, 가톨릭보다 훨씬 후발 종교였지만 그럼에도 불구하고 아시아와 세계에서 보기 드문 부흥을 이룰 수 있었습니다.

또한 한국 개신교는 세계에서 가장 가난한 나라 중 하나였던 한국이 세계 10위권의 경제 대국으로 성장하는 데 직간접적인 역할을 하였습니다. 세계 교회 역사상 유래를 찾기 어려운 새벽기도, 종교적인 헌신, 열정을 통해 한국 개신교는 많은 사람들을 변화시켰습니다. 기독교 신앙은 패배의식과 가난에 찌들어 있던 사람들에게 방탕, 나태, 도박, 술, 담배 등 나쁜 습성들을 버리고 근면하고 생산적인 경제활동을 할 수 있는 심리적 동기를 부여해주었습니다. 그 결과 오늘날 사회 지도층에 많은 개신교인들이 활동하고 있는 것은 전혀 놀라운 일이 아닙니다. 이런 현상은 특히 정치와 경제계 등의 분야에서 두드러지는데, 전체 인구 대비 개신교인들의 비율을 뛰어넘는 숫자의 그리스도인들이 상장 기업들의 임원, 국회의원, 그리고 정부 요직에서 일하고 있습니다. 하지만 안타깝게도 이제 이런 영광의 시간들이 급속히 지나가고 있습니다.

## 기로에 선 한국 개신교

현재 한국 개신교는 안팎에 걸쳐 큰 위기에 직면해 있습니다. 여러 부정적인 요소들이 서로 맞물려 시너지효과를 내며 개신교를 위기로 몰아넣고 있습니다. 목회자와 성도들의 추문들, 교단과 신학교의 다툼과 분열들, 교회 권력과 명예를 둘러싼 싸움들이 하루가 멀다 하고 언론에서 오르내립니다. 이런 추문과 혼란들은 개신교인들의 사기를 크게 저하시킬 뿐만 아니라, 개신교를 싫어하고 반대하는 그룹에게 공격의 빌미를 제공합니다. 지금 한국 교회의 위기는 개신교 전래 이래 가장 큰 위기라고 여겨집니다. 만일 한국 개신교가 환골탈태의 노력을 통해 이 위기를 잘 극복하지 못한다면, 한국의 근현대사에서 한국 교회는 그저 약 120년의 짧은 시기에 잠깐 빛을 발하다가 어느 날 느닷없이 소수종교로 전락한 전대미문의 종교가 될지도 모릅니다. 한국 교회가 지금처럼 반성 없이 관성에 그대로 끌려간다면, 몇십 년 내에 유럽의 교회들처럼 몇몇 교회 중심으로 나이 든 성도들만 모여 초라하게 예배를 드리는 지경까지 내몰릴 수 있습니다. 더구나 한국은 미국과 달리 개신교가 사회의 주도권을 쥐고 있는 상황이 아닙니다. 오히려 기독교, 불교, 유교, 무교 등이 서로 경쟁하며 공존하는 이른바 다종교사회로서, 사람들이 여러 종교 가운데 자신들이 보기에 더 참신하고 설득력이 있으며 신뢰할 만한 종교를 선택하는 사회입니다. 따라서 한국 개신교가 요즘처럼 사회적 신뢰도를 상실한다면 자동적으로 사회에서 도태될 수밖에 없습니다.

그렇다면 19세기 말과 20세기에 걸쳐 역사의 아픔을 짊어지고 수많은 민족 지도자들을 길러내며 조국의 광복과 근대화의 등불 역할을 자임해온 한국 개신교가 어쩌다가 이렇게 세인들의 비판과 경멸의 대상이 되었을까요?

사실 한국 개신교의 위기는 단순히 대사회 홍보의 실패나 지도자들의 비도덕성, 권위적인 교회 운영 등의 문제에만 원인이 있는 것이 아닙니다. 오히려 한국 교회의 목회와 신앙생활의 바탕을 이루는 신학적 패러다임의 한계를 드러낸 것으로 보입니다. 물론 현재의 위기를 돌파하고자 이곳저곳에서 교회개혁운동, 성시화운동, 개신교 도덕윤리운동, 구도자 예배(열린 예배) 시도, 사회복지의 강조 등 여러 대응 방안이 나오고 있는 것이 사실입니다. 하지만 외형적인 문제를 고치는 것만으로는 해결하기 어려우며, 더 근본적으로는 지금 개신교를 주도하고 있는 신앙의 패러다임을 갱신함으로써만 해결할 수 있을 것입니다.

신앙의 패러다임이란 신앙의 경험을 이해하고 해석하는 하나의 신학적 세계관(wordview 또는 model)으로, 보통 어느 특정 시대의 종교가 따르는 가시적 또는 암묵적 신학적 체계에 의해 구성됩니다. 이 신학 체계에는 주요 종교적 상징들(key metaphors and symbols)은 물론, 전제가 되는 질문과 가치와 실천들이 나름대로의 체계를 가지고 서로 연결되어 있습니다. 신앙 패러다임은 마치 안경과 같아서 신앙인이 하나님과 세상과 자신을 이해하는 사고의 방향과 내용을 구성할 뿐만 아니라, 교회 전통 속에 깊게 자리 잡고 있기 때문에 성도들의 영성 형성에 깊은 영향을 끼칩니다. 영성 코드는 그들이 속한 종교기관의 패러다임의 산물입니다.

에모리 대학교의 세계적인 설교학자 토마스 롱이 제시한 분석에 의하면 설교의 패러다임도 문화 변동 속에서 50년 내지 60년마다 바뀐다고 합니다. 마찬가지로 사역적·신학적 패러다임도 시대에 따라 바뀔 수밖에 없습니다. 중세에 어거스틴의 신학이 아퀴나스의 신학으로, 또 아퀴나스의 신학이 종교개혁을 통해 칼빈과 루터의 신학으로 패러다임 전환을 이룬 것처럼, 시대와 문화의 변화에 따라 교회의 신앙적 패러다임도 변화를 겪게 됩니다. 지금 한국 교회에 이런 패러다임의 변화가 요청되고 있습니다.

그동안 한국 교회는 일제강점기와 6·25전쟁을 거치면서 형성되어 온 종파주의적(sectarian)인 패러다임에 1960년대 이후 급격히 형성된 자본주의적이고 기복적인 요소들이 결합되어, 교회성장지향주의, 물량주의, 배금주의, 배권주의의 심각한 영향을 받았습니다. 또한 전통사회에서 근대 및 탈근대사회로 급속히 변화하는 과정에서 필연적으로 발생하는 필요와 욕구들을 적절하게 충족시켜주는 방식으로 건강한 그리스도인으로서 사회적 사명을 다할 수 있는 패러다임을 계발하지 못했습니다. 설령 그런 변화에 대응한다 할지라도 이는 여전히 개교회주의의 틀 안에 국한된, 이전 패러다임의 부분적인 보완과 수정에 불과했을 뿐이지 근본적인 신학적 방향성(orientation)의 변화는 아니었습니다. 특히 이런 변화의 욕구는 젊은이들과 지식인층에서 팽배한데, 한국 개신교에는 이에 적실히 부응하는 신학적 성찰의 역량이 축적되어 있지 않았을 뿐더러, 오히려 옛 패러다임의 장점이었던 경건성의 이미지마저 손상을 입게 되었습니다. 그 결과 사회적 리더십을 타 종교에 넘겨주고 말았습니다. 교회 안의 청년층과 중산층 지식인 그룹의 이탈현상의 심화와 타 종교로의 이동이 이를 증명하고 있습니다.

일제와 공산당의 박해를 거치며 체득된 한국 개신교 신앙의 단순성, 경건성, 헌신은 한국 교회의 큰 미덕이요 장점이었습니다. 하지만 교회가 사회적 소수의 단계를 벗어나 막강한 경제력과 사회적 영향력을 지닌 오늘날에는 단순함과 경건성, 개인적 신실성만으로 교회의 사회적 책무를 다 감당하기 힘든 것이 사실입니다. 교회의 사회적 자산이 많아진 만큼, 한국 사회는 그에 걸맞은 사회적 리더십을 한국 개신교에 기대하고 있습니다. 또한 한국 개신교는 성도들에게 전문화되고 다원화된 사회에서 신앙인으로서의 제대로 된 정체성을 갖고 사회적 역할을 감당하는 길을 알려주어야 합니다. 현재 한국 개신교의 문제는 외형적으로 막대한 부와 인력을 보유하게 된 교회가 실질적으로는 아직도 옛날의 가난하고 힘없던 시절에 형성된 신앙과 사역의 패러다임에서 벗어나지 못한 데서 기인한 세계관의 괴리현상이라고 할 수 있습니다. 따라서 이제 한국 개신교는 6·25전쟁 이후 우리 사회가 이루어낸 급속한 산업화, 민주화, 세계화 속에서 나타나는 여러 변화 속에서 어떻게 자신을 새로이 자리매김해야 하는가 하는 과제를 안고 있습니다. 개교회의 부흥과 성장만을 강조하는 것이나, 주초금지, 주일성수, 이혼금지, 자살정죄, 낙태금지 등의 단편적인 도덕규범을 주장하는 것만으로는 첨단 다원사회를 살아가는 성도들의 삶에 적합한 방향 제시를 해줄 수 없습니다. 몸집이 커지면 옷을 바꿔야 하듯이, 한국 개신교도 교회의 생존과 존립이라는 초창기의 당면과제를 넘어서 세계화 시대의 사회적·영적·도덕적 책임을 감당하기 위해서는 그 패러다임의 옷을 바꿔 입어야 합니다. 오늘날 자녀양육의 방식을 예로 들면 비록 그 가치와 목적은 변하지 않았다 하더라도, 지금부터 30년 전과 비교하여 많이 달라지지 않았습니까? 대가족 속에서 많은 형제, 사촌, 동네 친구들과 어울려 그냥 두어도 자라나는 것이 아니라, 오늘날에는 핵가족, 인터넷, 게임, 경쟁이라는 환경 속에서 더 많은 관심과 대화, 교육적 전문성과 투자가 요구됩니다. 만일 이런 변화와 투자와 전문성을 무시하면 자녀 교육에 많은 어려움을 겪을 것입니다.

지금 한국 개신교가 직면해 있는 교회 안팎의 강력한 여러 도전과 비판들은 옛 신앙 패러다임의 한계를 보여줍니다. 이 한계를 패러다임의 위기라고 부를 수 있습니다. 패러다임의 위기란 현재의 한국 개신교가 제시하는 삶의 양식(a form of life)과 가치가 현재 한국 사회와 그 구성원들이 갖고 있는 보편적 가치, 집합적 욕구, 추구하는 삶의 양식과 큰 괴리가 있다는 것입니다. 또 변화하는 사회의 욕구와 기대에 부합하는 새로운 방향성을 제시하지 못하고 있음을 의미합니다. 따라서 종합적인 신학적 점검이 없이는 한국 개신교의 획기적인 방향전환과 발전을 기대하기 어렵다고 봅니다.

오늘날 한국 개신교에 나타나는 여러 부작용은 한두 해 사이에 불거진 문제가 아닌, 수십 년 동안 누적된 결과입니다. 마치 운동선수가 당장의 좋은 성적을 위해 스테로이드와 같은 약물을 복용하게 되면 시간이 흐를수록 몸의 근본 체질과 건강을 해치듯, 성장, 외적 축복, 전도라는 단기적 결과에 목메온 한국 교회는 이제 그 영적인 기초체력을 거의 잃어버렸다 해도 과언이 아닙니다. 성장, 외적 축복, 전도가 기본적 신앙적 가치인 하나님의 사랑과 공의에 바탕을 두지 않는다면 결국 자기 몸을 해치는 독이 될 수 있습니다. 지금 한국 개신교의 현실이 정확히 바로 그런 상황인 것입니다. 그리고 이런 개신교의 단기적인 급성장의 부작용은 이제 비그리스도인들의 눈에도 똑똑히 보이는 것 같습니다. 비그리스도인들은 신학적 지식이 없으므로 근본 문제가 무엇인지를 정확히 판별하지는 못하나, 그들이 가진 일반 상식과 이성에 비추어 오늘 개신교의 행태가 종교 일반과 인간의 기본 진리에 어긋난다는 것을 이미 잘 알고 있습니다. 현재 많은 사람들이 개신교의 이기심과 탐욕에 혐오감을 느끼고 있으며 그 결과로 기독교와 성서 전체를 비판하고 부정하는 현상이 공공연히 벌어지고 있는 실정입니다.

이런 상황에서 한국 개신교의 생존과 발전은 부분적인 수리만으로는 불가능합니다. 그것을 위해서는 건물의 지붕이나 서까래 하나를 교체하는 정도의 미봉책 수준이 아니라, 21세기적인 상황에 걸맞은 신앙적 가치와 구조를 정립하기 위한 기초와 틀을 다시 놓는 전면적인 작업이 이루어져야 합니다. 신앙의 근본적인 질문들을 한국 사회의 변화된 현장 속에서 다시 던지는 동시에 그에 대한 적실한 답을 모색해야 합니다.

신앙 패러다임을 재구성한다는 것은 기독교 신앙의 근본 진리를 변화된 삶의 현장과 연결시켜주는 작업입니다. 패러다임의 변화가 계속해서 필요한 이유는 시간이 흐르면서 사회제도, 문화, 그리고 사람들의 관계, 개인의 욕구와 기호가 바뀌기 때문입니다. 제도, 욕구, 기호의 변화는 인식의 변화, 삶의 양식의 변화를 가져오며, 불가피하게 기존의 교회의 패러다임에 영향을 줄 수밖에 없습니다. 그래서 교회는 항상 사회 제도와 문화의 변화와 그리고 삶의 양식의 변화에 대응하여 복음을 재해석하고 스스로의 패러다임을 재구성하지 않을 수 없습니다. 이때 그 대응은 무조건적인 거부나 무분별한 수용이 되어서도 안 됩니다. 물론 패러다임의 변화가 신앙의 본질을 바꾸라는 얘기인 것은 더더욱 아닙니다. 오히려, 말씀의 진리가 특정 시대적 상황 속에 다시 성육신되어야 한다는 것입니다. 신약성서에 네 복음서가 있는 이유가 예수 그리스도의 구원 사건을 다양한 공동체적 상황에 적용하고 해석하기 위한 것임과 마찬가지 이치입니다. 이런 새로운 패러다임의 형성을 위해서는 살아계신 성령의 음성에 진지하게 귀 기울이는 가운데 현재의 한국 사회가 겪고 있는 여러 상황과 문제들을 잘 이해하는 것이 필수적입니다. 그리고 이것이 종교개혁의 근본정신인 "개혁교회는 항상 개혁되어야 한다"(*reformata semper reformanda*)는 원리에 부합하는 것입니다.

## 신학적 성찰의 필요

그렇다면 어떻게 새로운 신앙 패러다임을 형성할 수 있을까요? 새로운 신앙 패러다임이 형성되기 위해서는 무엇보다 비판적인 신학적 사고를 할 수 있어야 합니다. 비판적인 신학적 사고만이 낡은 패러다임을 예리하게 비평할 수 있으며 또한 새로운 패러다임을 상상하고 창조할 수 있기 때문입니다. 실제로 기독교 역사상 모든 새로운 신앙 패러다임은 항상 기존의 전통과 관성에 대해 비판하고 의심하는 신학적 사고방식으로부터 촉발되었습니다. 그런 점에서 오늘 한국 개신교가 사회적 영향력을 상실하고 퇴보하는 가장 큰 이유 중 하나가 바로 비판적으로 사고할 수 있는 신학적 사유의 능력을 상실했기 때문임은 두말할 나위가 없습니다.[1]

한국 개신교가 21세기에 부합하는 사역적 방향성을 재구성하기 위해서는 반드시 신학적 성찰을 겸하여야 합니다. 물론 오늘의 신학 중에는 교회적 필요를 무시하고 오로지 사변적이고 관념적인 관심에만 머무는 이론들도 난무한 것이 사실입니다만 건강한 신학은 우리의 사역에 필수적입니다. 신학은 사역에 대해 일종의 씽크탱크 역할을 합니다. 즉 신학은 우리의 사역이 필요로 하는 모든 자원들을 착상, 설계, 제작하는 연구소와 같습니다. 이에 반해 사역은 신학적 자원을 현장에 접목시켜 실제적인 성과들을 도출해내는 공장과 같습니다. 위대한 기업

---

1 반면 로마 가톨릭이 1963년 제2차 바티칸 공의회를 통해 신학과 목회의 가치와 틀을 재구성함으로써 현대사회에 맞는 교회로 탄력 있게 탈바꿈한 것은 한국과 세계 곳곳에 많은 변화를 가져왔습니다.

은 산하에 탁월한 연구 능력을 갖고 있는 연구소와 우수한 생산능력을 갖고 있는 공장을 유기적으로 연결시켜서 급변하는 시장의 요구에 능동적으로 대처하듯이, 한국 개신교가 다양한 사회적 요구와 이슈에 창조적으로 대응하기 위해서는 신학과 사역 현장이 서로 지혜와 힘을 모아야 합니다. 특별히 오늘날과 같이 고도로 전문화된 지식을 필요로 하는 새로운 사회적·윤리적 이슈들이 하루가 멀다 하고 쏟아져 나오는 현실에서, 사역 현장이 신학의 전문적인 도움을 받는 일은 필수적입니다. 한국 개신교가 종래의 낡은 패러다임의 옷을 벗어버리고 새로운 신앙 패러다임을 계발하기 위해서는 신학자와 목회자뿐 아니라 평신도 전문가들까지 참여하는 대화와 연구가 필요합니다.

사실 한국 개신교의 상황이 이렇게까지 어렵게 된 것은 한국 교회 안에 만연한 신학 경시 풍조와 밀접한 관련이 있습니다. 많은 교회 지도자들이 은연 중에 목회와 신학은 별개의 것이라거나 한술 더 떠서 신학이 목회의 걸림돌이 된다고 생각합니다. 이는 신학에 대한 이해가 아주 잘못되어 있기 때문에 발생하는 현상입니다. 건강한 목회를 하기 위해서는 신학의 도움이 필요합니다. 신학은 목회의 과거와 현재를 올바로 성찰하고 미래를 전망하게 해줍니다. 상당수의 목회자들이 지금까지 신학을 무시하고 마치 자신은 어떠한 신학적인 가정과 전제 없이 오직 성서의 진리를 해석하여 전달하고 있는 듯이 주장해온 경우가 많았습니다. 물론 하나님의 은혜를 개인적으로, 실존적으로 경험하는 것도 매우 소중한 신앙적 자산임이 분명합니다. 그러나 이런 개인적이고 특수한 신앙의 체험 또한 항상 우리 사회가 생산하고 전수하는 가치체계, 언어, 문화의 틀 안에서 해석되어 전달된다는 것을 잊어서는 안 됩니다. 그렇기에 우리의 일체의 신앙 체험은 반드시 신앙 공동체 안에서의 건강한 영적분별과 비평, 대화를 통해서 여과되어야 합니다. 모든 사역에도 신학적 사고와 성찰이 필수적입니다.

또한 신학적 성찰은 개교회의 설교와 사역들이 복음에 합당한지를 계속해서 점검해줍니다. 이는 마치 건강검진 같아서, 신학적 성찰과 비판이 없는 목회는 교회의 영성과 사역이 어떻게 병들고 있는지를 알지 못합니다. 목회자가 현실 한복판에서 일어나는 사람들의 아픔과 문제에 대해 너무 깊이 관여하다 보면 교회의 본질적 가르침이나 가치와 거리가 먼 세속적인 가치와 방법들이 자기도 모르는 사이에 교회에 스며들기 쉽습니다. 실제로 1970년대 이후 한국 개신교 대부분이 오로지 외형적이고 물질적인 고도성장만을 위해서 앞으로 내달리는 사이에 한국 사회의 세속적 가치관이 교회 안으로 아무런 여과 없이 스며들어 왔고 그 결과로 교회가 변질되었습니다. 교회들의 열정과 헌신이 부족해서 오늘의 어려움을 겪는 것이 아닙니다. 오히려 그런 열정과 헌신이 세속주의와 맞물려 교회를 왜곡시켜버렸기 때문에 그러한 변질이 일어난 것입니다. 일찍부터 신학이 목회를 점검, 진단해주는 기능을 제대로 발휘하였더라면, 한국 개신교가 이렇게까지 참담한 상황으로 내몰리지는 않았을 것입니다. 교회가 신학이라는 자기검진 과정을 오랫동안 무시한 결과 물질주의라는 병균 앞에 몸 전체를 무방비로 내주게 된 것입니다.

신학적 성찰과 비판의 기준으로 복음의 충실성, 통전성, 적합성, 실천성(faithfulness, wholeness, relevance, transforming praxis)이라는 네 가지 기준을 제시합니다. 이 네 가지 기준은 프린스턴 신학교의 조직신학자 다니엘 미글리오리(Daniel Migliore)가 그의 저서 『이해를 추구하는 신앙』(*Faith Seeking Understanding*)에서 제시한 것입니다. 그에 의하면 신학적 세계관은 복음에 대한 진실한 이해와 충실한 표현인 충실성(faithfulness), 복음의 진리를 단편적이 아닌 유기적 복합성의 총체로 다루는 통전성(comprehensivness), 인간 현실에 대한 바른 분석을 바탕으로 하여 이에 응답하는 적합성(relevance), 그리고 이를 실천으로 옮기고자 하는 변혁적 실천성(transforming practice)의 요구에 응답하여야 합니다. 복음에 대한 충실성이 빠질 때 우리의 개인적인 사견이나 이기심을 따라 진리에 대한 왜곡이 일어나고, 통전성이 결여될 때 우리가 해석하는 복음은 균형을 잃어 한 부분을 마치 복음의 전부인 것처럼 해석하여 신앙이 병들게 합니다. 현실에 대한 적합성이 없을 때 우리는 세상과 상관없이 자기 의나 독선주의에 빠지게 되고, 실천성이 결여될 때 현실의 도전은 회피하고 말만 외치는 공허하고 무책임한 자들이 되고 맙니다. 이 기준들은 한국 개신교회가 어디서 어떻게 병들었는가를 진단하는 데 도움을 줄 것입니다. 충실성과 통전성의 두 가지가 한국 교회 정체성의 위기를 진단하는 기준이라면, 적합성과 실천성은 과연 한국 교회가 변화된 사회에 얼마나 걸맞은 사역을 하는가를 판단하는 기준이 됩니다.

## 공적 영성으로의 부름

한국 개신교의 위기는 정체성과 적합성의 위기입니다. 안으로는 성장주의, 물질주의로 인해 신앙본질이 왜곡되고, 밖으로는 변화하는 사회에 대응하지 못하고 있기에 그 위기의 강도가 점점 커질 수밖에 없습니다. 이런 두 가지 위기가 한꺼번에 오게 된 이유는 한국 개신교의 "공적(公的, public) 영성"의 궁핍 내지 부재에서 찾아볼 수 있습니다. 많은 한국 교회는 사적 영성과 윤리의 부분에서는 매우 세밀하고 자세한 기준과 장치들이 제법 많이 마련되어 있으나, 공적·거시적 측면의 영성과 윤리는 거의 전무한 상태입니다. 공적인 영성이 부족하기에 객관적이고 보편적인 성서 해석의 기준을 따르기보다는 자기 입맛에 맞는 성서 구절을 짜깁기하는 식의 과정을 거쳐 결국 설교를 개인의 이데올로기로 변질시키게 됩니다. 또 하나님의 유익과 영광보다는 개인의 유익을 구하는 기복신앙으로 변질되거나, 사회와 소통할 줄 모르고 자신의 논리를 사회에 그대로 강요하는 어리석음을 저지르게 됩니다. 시민사회와 같은 공적 영역에서는 어떻게 판단하고 행동해야 할지에 대해서 거의 무지하거나 무기력한 것이 한국 개신교의 실정입니다.

이런 공적 영성과 윤리의 결여는 크게는 한국 개신교가 사회적 리더십을 발휘하는 것을 방해하였으며, 작게는 성도 개개인이 사회 속에서 책임 있는 시민의 역할을 감당하는 것을 가로막았습니다. 하지만 사회의 공적 영역에서의 활동을 거부하는 교회는 스스로 사회 내에서 소수자 혹은 변두리가 되기를 자처하는 것과 다름 없습니다. 왜냐하면 세상의 지적·문화적 세력들과의 정당한 토론을 거부하고 시민사회에 참여하고 기여하는 것을 주저하는 종교는 결국 사회적인 리더십을 스스로 포기하고 그 사회 안에서 게토가 되기를 자처하는 것이기 때문입니다.

한 가지 주의해야 할 것은, 개인적으로 경건한 목회자 혹은 교회라고 해서 공적 영성의 결핍 문제를 자동적으로 해결할 수 있는 것이 아니라는 점입니다. 공적인 영성은 신학적인 성찰 없이는 쉽게 성장하지 않습니다. 사회와 교회 주변을 둘러싼 환경을 깊이 이해하고, 필요하면 좋은 사회과학적 분석과 이론들을 사용하여, 깊이 있게 여러 문제에 성서의 안목으로 접근해야 합니다. 사회의 변화, 흐름, 여러 문화적 동력에 대한 이해 없이 사회 내에서 영적·도덕적 지도력을 행사하기는 쉽지 않습니다. 근자에 이르러 개신교의 관례화·전통화에 대한 하나의 반응으로 관상기도, 침묵수행, 영성치유 등 신비성의 측면들이 강조되고 있습니다. 하지만 이 역시 공적 영성의 회복에는 한계가 있습니다. 왜냐하면 이런 영성수련도 자칫 잘못하면, 개인주의라는 좁은 틀을 전혀 벗어나지 못하고, 개인의 심적 평화와 치유에만 머무를 수 있기 때문입니다.

한국 개신교가 작금의 위기를 슬기롭게 돌파하기 위해서는 공적 영성의 회복이 필수적입니다. 최근 많이 지적되는 한국 개신교의 대사회적 신뢰 상실도 따지고 보면 공적 영성과 직접적인 관련이 있습니다. 왜냐하면 신뢰 상실이란 달리 말하자면 공공성의 결여라고 할 수 있기 때문입니다. 공적 영성과 하나님에 대한 친밀성은 기독교 신앙의 두 축으로 작용합니다. 따라서 친밀성과 공적 영성은 항상 균형과 조화를 이루어야 합니다. 양자가 균형을 잃게 되면, 하나님에 대한 친밀성은 영적 도피주의로, 공적 영성은 도덕주의로 세속화되기 쉽습니다. 그러므로 이런 위험을 피하기 위해서는 하나님에 대한 친밀성과 공적 영성을 하나로 묶는 유기적인 신앙적 패러다임이 필요합니다. 이런 새로운 패러다임의 전환 없이 한국 개신교의 위기 극복은 쉽지 않습니다.

친밀성과 공적 영성을 조화시킨 신앙 패러다임은 현재의 한국 교회에 만연한 기복주의, 개교회주의, 이분법적 사고, 단순논리주의를 뛰어넘어 성서적 창조론과 구원론, 일반 계시와 특별 계시, 이성과 신앙, 칭의론과 성화론을 통전적으로 엮어내는 신앙관입니다. 이런 신앙관을 성서 안에서는 모세의 출애굽과 입(入)가나안의 사역에서, 그리고 에스겔 47장의 성소에서 흘러넘치는 생명의 물의 비전에서 찾을 수 있습니다. 동시에 기독교 역사 안에서는 미국 청교도들과 한국 초대선교사였던 언더우드의 신앙 세계관을 통해 살펴보고자 합니다. 그 이유는 청교도 사상이 오늘날 서구 근대 문명에 끼친 긍정적인 영향과 언더우드가 초기 한국 개신교의 발전과 민족 근대화에 끼친 막대한 영향을 생각해볼 때, 청교도와 언더우드의 신앙 이해는 오늘 한국 교회의 자기 갱신에 큰 도움을 줄 것이기 때문입니다. 실제로 초창기 한국 개신교 성도들이 가졌던 영성은 하나님에 대한 친밀성과 공적 영성의 조화와 균형이 특징이었습니다. 그들은 소수였음에도 불구하고 뜨거운 하나님 사랑, 민족 사랑의 정신을 가지고 역사의 물줄기를 바꾸었습니다. 오늘날 이런 건강하고 바람직한 영성이 회복될 때, 한국 개신교는 잃어버린 영광을 되찾고, 21세기 아시아문명의 생명의 젖줄기로서 그 사명을 잘 감당해나갈 수 있을 것입니다.

## 이 책의 목적과 바람

이 책은 한국 교회의 문제들을 분석하고 해결의 방향을 신학적으로 제시하는 데 그 목적이 있습니다. 즉 어떤 영적·신학적 정향성(disposition)으로 인해 한국 교회가 그릇되기 시작했으며, 이를 바로잡기 위해 어떠한 비전과 영성, 그리고 신학적 내용들이 강조되어야 하는가에 초점을 맞춥니다. 이런 비전, 영성, 신학적인 내용들을 어떻게 구체적으로 사역의 현장에 적용, 실천할 것인가에 대해서는 다음 기회에 다루고자 합니다. 진단이 치료의 첫 걸음이듯, 좋은 신학적 진단은 신앙문제 해결의 첫 걸음입니다. 문제의 원인과 현상을 올바로 분석해주고 정확한 방향을 제시해주는 이론은 그 적용과 실천 못지않게 중요할 뿐더러, 오히려 이런 올바른 이론 없이는 제아무리 많은 실천의 의지가 있다 하더라도 눈먼 정열에 그칠 수 있습니다. 이 책이 그런 길라잡이의 역할을 하게 된다면, 필자에게 더 이상의 바람은 없을 것입니다.

개인적으로는 이 책이 언더우드 선교사의 고귀한 정신을 이어받아 소신 있게 사역하는 여러 사람에게 힘을 실어주고, 또 현재 신학수업을 받고 있는 신학도들에게 바른 방향을 제시할 수 있기를 바랍니다. 부디 이 책이 우리가 속한 개신교가 한국 역사에 희망을 불어넣어 주고 국민들에게 존경받는 종교로 거듭나도록 하는 일에 작은 도움이 되기를 바랍니다.

노파심에서 한 가지 덧붙이자면, 이 책에서 말하는 한국 개신교의 문제점은 일반적으로 발견되는 병리현상들을 지적한 것이지 전체 교회를 일괄적으로 싸잡아서 비판하는 것은 아닙니다. 필자는 교회마다 자신이 놓여 있는 지역적 특징과 성도들의 삶의 특수성 때문에 다양한 목회적 요구들이 발생할 수 있다는 것을 인정합니다. 또한 곳곳에서 바르고 소신 있는 목회를 하고자 애쓰는 여러 목회자가 있음을 잘 알고 있고 그분들께 감사드립니다.

# 한국 개신교, 역사상 최대의 위기 앞에 서다

지금 한국 개신교는 안팎으로 밀려오는 여러 거센 도전에 직면해 있습니다. 교회 내부적으로는 영적 침체와 성장률의 둔화나 감소의 문제, 외부적으로는 도덕적 추락으로 인한 사회 신뢰도의 하락이라는 곤경에 처해 있습니다. 즉 오늘날 한국 사회의 개신교에 대한 비판은 가히 전방위적입니다. 교회를 향한 비판은 교회 지도자들의 도덕성에 대한 비난에서 출발하여 기독교 교리에 대한 의심과 공격을 거쳐 종국적으로는 기독교의 하나님 자체에 대한 부정에까지 이르고 있습니다. 그럼에도 한국 개신교는 이런 상황을 어떻게 대처해야 할지 몰라 당황해 하고 있습니다. 한국 개신교가 자신에게 쏟아지는 비난에 대해 적절히 대응하지 못하는 결정적인 이유는 신학적 성찰 능력과 윤리적 안목이 부족하기 때문입니다. 이번 장에서 한국 개신교의 위기를 정체성과 적합성의 위기라는 두 측면으로 분류하고, 이 위기의 핵심에 공적 영성의 결여가 놓여 있음을 지적하고자 합니다.

## 위기의 증상들

최근에 봇물처럼 쏟아져 나오고 있는 한국 개신교의 위기론은 한국에 개신교가 전해진 이래로 최고의 위기라고 보입니다. 그렇게 보는 이유는 다음과 같습니다.

첫째, 개신교에 대한 부정적인 인식들이 한국 사회에 만연해 있다는 점입니다. 현재 한국 개신교는 대사회적인 신뢰도의 상실과 신자 이탈이라는 위기에 봉착해 있습니다. 2009년 기독교윤리실천운동이 글로벌리서치를 통해 전국 만 19세 이상의 남녀 1,000명을 대상으로 실시한 여론 조사에 의하면 한국 사회의 교회에 대한 신뢰도가 19.1%로 나타났습니다. 이는 한국인 10명 중 단 2명만이 교회를 신뢰하고 있다는 것으로 가히 충격적인 결과가 아닐 수 없습니다. 이에 반해 한국의 여러 종교 중 가톨릭교회의 신뢰도가 36.1%로 가장 높았고, 불교가 31.1%로 그 뒤를 이었습니다. 바꿔 말하자면 현재 한국 사회에서 가톨릭과 불교는 개신교회의 거의 두 배에 가까운 신뢰를 얻고 있습니다. 이는 무시하거나 그냥 넘어갈 수가 없는 문제입니다. 왜냐하면 한 사회의 특정 종교에 대한 신뢰도는 바로 그 종교의 성장률에 영향을 주기 때문입니다. 실제로 지난 10년간 가톨릭이 74%의 고도성장을 경험하는 동안 개신교는 마이너스 1.6%로 감소하였습니다.

둘째, 한국 개신교 안에서 청년층과 30-40대층이 급속히 줄어들고 있다는 것입니다. 요즘 교회를 방문해보면 마치 1980년대의 미국 교회를 보는 것처럼 젊은 층은 점차 찾아보기 힘들어지고 50대 중반 이후가 다수를 차지하고 있는 경우가 허다합니다. 이는 한국 개신교의 장래에 대한 적신호이며 이를 통해서 20년 후 한국 교회의 그리 밝지 않은 모습을 충분히 예상할 수 있습니다.

셋째, 개신교를 대체할 수 있다고 주장하는 타 종교들이 엄연히 한국 사회 내에 존재하고 있고 한 걸음 더 나아가 사회적·문화적 경쟁력을 키우고 있다는 사실입니다. 종교적으로는 한국 내에서 가톨릭과 불교가 대안과 경쟁의 종교로서 개신교에 도전하고 있습니다. 이들은 막강한 조직력과 자본, 그리고 자신들의 브랜드파워를 가지고(불교는 한국의 전통종교라는 역사적 기득권, 가톨릭은 성례와 제례의 엄숙함과 제도적인 통일성) 개신교의 자리를 잠식하는 가운데 개신교의 대안 종교로서 한국 사회 안에서 부각되고 있습니다. 따라서 현재 한국 개신교는 이들과의 공존과 경쟁 속에서 어떻게 자리매김을 하고 또 어떻게 한국 사회의 공익과 공동선을 위해 협력해야 하는가 하는 문제에 직면해 있습니다.

넷째, 무엇보다도 개신교 내에 이런 위기에 대한 바른 신학적·사회과학적 분석이 아직 부족하며 그 결과 위기 극복을 위한 종합적이고 체계적인 노력과 성찰이 아직 나타나고 있지 않다는 점입니다. 물론 많은 교회들이 현재의 한국 개신교가 직면한 침체 상황을 인식하고 이를 돌파하고자 구도자 예배, 셀교회 등 여러 프로그램을 도입하고 또 사회복지사업과 구제 활동에 열심을 기울이며 이미지 변화를 위해 노력하고 있지만 현재 한국 개신교가 위기에 대응하는 모습들을 보면 대부분 부분적이고 미시적인 대응에 그치는 경향이 많습니다. 즉 부분적인 자성과 비판은 있으나, 위기의 크기에 상응하는 근본적인 신학적 분석과 그런 분석에 바탕을 둔 새로운 패러다임의 변화가 수반되지 않고 있습니다.

## 한국 개신교의 위기의 내용

지금의 한국 개신교의 위기는 어느 날 갑자기 찾아온 것이 아니라 여러 요인이 오랜 시간에 걸쳐 누적되어 마침내 드러난 일입니다. 한국 개신교가 직면한 이런 도전들은 단순히 개신교회 고유의 혹은 배타적인 종교적 행위에만 원인이 있지 않습니다. 그것은 지난 수십 년에 걸쳐 한국 사회가 민주화되고 시민사회가 성숙하는 동안 개신교는 옛 틀에 묶여서 변하지 않았거나, 또는 성장과 부흥이라는 단편적인 목표에 사로잡혀, 신학적 자기 성찰 능력을 상실했기 때문입니다. 따라서 이 위기는 단기간 내에 근본적인 해결을 기대할 수 있는 성질의 것이 아닙니다. 이 위기를 탈출하기 위해서는 한국 사회 전체가 어떻게 변하고 있는가를 조망하면서 그것과 함께 새로운 신학적 틀을 짜는 장기적 안목이 필요하다고 봅니다.

일례로 한국 개신교의 위기는 흔히들 이해하는 것과 같이 단순한 도덕적 결함에서 기인한 위기의 정도를 훨씬 뛰어넘습니다. 현재 한국 교회의 도덕적 위기는 교회 지도자들이 성적·금전적으로 비도덕적인 행위를 저질렀다는 행위 그 자체에 있지 않습니다. 한국 개신교의 도덕성의 위기는 한국 교회의 영성이 병든 것을 보여줍니다. 도덕성은 영성의 표출일 뿐입니다. 굳이 비유를 한다면, 도덕성은 마치 나무의 열매와 같습니다. 이에 반해 영성은 나무의 몸통이나 뿌리라고 할 수 있습니다. 나무가 서 있는 토양과 그 나무의 근본적인 속성이 변하지 않고서는 열매의 맛이 달라지기를 기대하기 어렵듯, 한국 개신교도 그 신앙 패러다임의 변화 없이는 행위가 근본적으로 달라지기 어렵습니다. 그런 점에서 만연된 도덕성의 위기는 더 근본적으로는 복음의 본질이 무엇인가에 대한 혼란이며 동시에 교회가 놓여 있는 실존적·사회적 상황과 현실을 제대로 판단하지 못하고 있다는 증거입니다.

오늘 한국 개신교의 위기 이면에는 하나님을 경외하고 사랑하는 대신에 세상을 더 짝하는 신앙 본질의 왜곡과 함께, 변화된 사회에 걸맞지 않은 과거의 신앙적 세계관에 고착된 사역과 프로그램의 적합성의 위기가 함께 연루되어 있습니다. 달리 말하자면, 이는 1907년 신앙 대부흥운동 이후 형성되어 오늘날까지 큰 변화 없이 전해 내려온 한국 개신교의 전통적인 패러다임이 오늘날의 상황에 잘 맞지 않는 데서 일어나는 현상입니다.

## 1) 신앙 정체성의 위기

한국 개신교의 위기는 삼위일체 하나님과의 관계와 성서의 근본정신을 바로 이해하지 못하는 데서 기인한 신앙 정체성의 위기입니다. 이 위기는 교회의 본질 상실과 관계되는 문제로, 한국 개신교가 직면한 위기의 가장 근본적인 문제입니다.

한국 교회의 정체성의 위기는 신앙 고백의 중심 가치와 연결되어 있습니다. 즉 한국 개신교의 영성의 바탕에 깔린 기본적인 가치의 정향성 문제입니다. 이것은 교회가 무엇을 믿고, 무엇을 추구하며, 누구를 위해 존재하는가 하는 본질적인 문제입니다. 교회는 성장을 위해서 존재합니까? 아니면 하나님의 뜻을 이루기 위해 존재합니까? 물론 이론적으로는 많은 사람들이 후자라고 대답할 것입니다. 하지만 이를 제대로 판단하기 위해서는 개교회가 현장에서 다루는 실제적인 정책적 결정들 안에 담긴 가치의 기준들을 살피는 동시에 강단에서 가장 빈번하게 강조되고 있는 설교의 초점이 무엇인가를 살펴보아야 합니다. "네 보물 있는 그 곳에는 네 마음도 있느니라"(마 6:21)라는 말씀처럼 설교의 초점과 교회의 의사결정 내용을 보면 한국 교회의 마음이 어디에 있는가를 알 수 있지 않겠습니까?

그렇다면 한국 교회 일반이 가장 마음을 쏟는 것이 무엇입니까? 바로 교회의 양적 성장과 축복입니다. 아마 이것을 부인할 수 있는 사람은 거의 없을 것입니다. 오랫동안 한국 개신교는 교회 성장을 위해서 현세 기복적인 신앙 양태를 무분별하게 숭앙하였습니다. 현세 기복적인 신앙이란 자본주의 사회에서의 황금만능주의가 교회 내에 침투하여 우상화됨으로써 마치 현세의 축복(성공, 건강, 부의 축적, 자녀의 출세)이 신앙의 목적 전부인 것처럼 변질된 것입니다. 이것은 오늘날 사회 안에 팽배한 물질주의와 경제성장의 논리와 경영원리들이 교회 안에서 축복론과 교회성장론 등으로 번역되어, 교회와 사역의 가치와 질에 대한 평가를 오로지 물질적 수치로만 평가함으로써 결국 교회의 운영이 세속경영의 논리에 지배당하게 되었다는 것을 의미합니다.

1970년대 경제개발시대 이래 지금까지 한국 개신교는 양적으로 더 커지는 것만을 유일한 목표로 해서 달려왔다고 해도 과언이 아닐 만큼 성장과 축복 병에 걸려 있는 것이 사실입니다. 한 사람의 가치관은 그의 언어 사용에서 잘 나타납니다. "교인들이 몇 명 모이는가? 한 주 헌금이 얼마인가? 어느 지역에 사는가? 몇 평짜리 아파트에 살고 있는가? 연봉이 얼마인가?" 교회 안에서 이런 질문들이 다반사라는 것은 한국 교회의 중심적 가치관이 성장과 축복이라는 것을 반증합니다. 그리고 이런 양적 성장과 축복의 가치관이 한국 교회의 신앙을 크게 변질시켰습니다.

성장지상주의가 가져온 가장 큰 폐해는 성서의 진리를 파편화시켜 버렸다는 것입니다. 교회의 존립 이유와 목회사역의 방향이 외형적 성장과 물질적 축복에 경도되어 있다 보니 강단에서 행해지는 설교들마다 복음의 의미가 너무 자의적이고 편파적으로 취사, 선택, 해석되는 현실을 간과할 수 없습니다. 지금도 한국 개신교 안에는 교회 성장과 성도들의 축복을 억지로 연결하여 강조하고, 이를 이론적으로 뒷받침하기 위해 성서를 성도들의 입맛에 맞게 제멋대로 짜깁기하는 경향이 농후합니다. 그래서 물질적 축복, 육체의 건강, 심령의 평안이라는 성서 진리의 한 부분을 마치 전체 진리인 양 침소봉대(針小棒大)하는 경향이 많습니다. 이는 목회자들이 성서를 통해 계시된 충만하고 유기적인 하나님 말씀의 전체성을 일부러 외면하거나, 아니면 아예 그것에 대해 무지한 지적 한계, 또는 편협한 신학적 안목과도 무관하지 않을 것입니다.

또한 지난 40년간 한국 개신교를 지배해온 성장지상주의는 교회 내의 빈부의 양극화를 가져와서 대형교회를 목회하는 사람만이 성공한 목회자이고 그렇지 못한 사람은 실패자 또는 능력이 없는 자라는 비복음적인 정서와 선입견을 만들어내었습니다. 이런 인식은 대형교회와 소형교회 목회자 사이에 위화감을 빚어내고, 교회의 연합운동에 부정적인 영향을 미치는 것은 물론이거니와, 더욱 심각하게는 사회의 소외된 계층을 위해 낙후지역에서 목회하는 사람들에게 격려는커녕 사회적인 자괴감과 정신적 열등감을 안겨줍니다.

사실 대형교회의 목회자는 거대한 규모를 유지하기 위해서 신앙의 본질과 관계된 결단이나 결정을 내리기가 매우 어렵습니다. 설교자들이 예민한 사회적 의제에 대해서 성서적 진리에 기초한 발언을 하기 위해서는 종종 교인 수와 헌금의 감소를 각오할 수 있어야 하는데, "초대형=축복"이라는 공식으로 키운 교회는 숫자나 헌금이 줄어드는 것 자체가 신앙에 문제가 있는 것으로 여겨지는 분위기가 강하기 때문에 실제로 그런 행위를 하기가 어렵습니다. 그렇기 때문에 많은 한국 대형교회의 목사들에게서 예언적이면서 심도 깊은 영적·사회적 통찰력을 기대하기 힘듭니다.

한국 개신교가 신앙의 본질에서 일탈했다는 또 하나의 강력한 증거는 교회 지도자들의 박사 학위 인플레현상입니다. 부잣집에 고급가구를 들여 놓아야 격이 맞듯이 일정 규모 이상의 큰 교회의 담임 목사는 박사 학위가 최소한 하나 이상은 있어야 된다는 생각에서 무분별하게 학위를 취득하려는 행태들이 만연해 있는 것이 사실입니다. 실제로 몇 해 전 한국 교회 지도자들의 상당수가 가짜 박사 학위를 돈을 주고 사왔다는 뉴스가 언론 지상을 장식하는 웃지 못할 일이 벌어지기도 했습니다. 이렇게 정당한 노력 없이 외국 무허가 교육기관에서 돈으로 학위를 사오는 교회 지도자들의 어리석은 행태는 귀한 외화를 낭비하는 일일 뿐 아니라 개신교의 대외적 이미지에 큰 위해를 가하는 일입니다. 그럼에도 불구하고 아직도 이런 행태들이 근절되지 않는 이유는 한국 개신교 지도자들의 뇌리 속에 외형적 포장에 대한 동경심이 강하게 자리하고 있기 때문입니다.

한국 개신교가 노정하고 있는 복음의 변질과 타협 현상은 이제 교인들의 행위를 통해 교회 바깥으로도 공공연히 표출되고 있습니다. 배금주의와 물질주의의 지배를 받은 결과 한국 개신교의 윤리는 편의적 개인윤리나 집단적 이익윤리와 공리주의에 치우치는 경우가 많습니다. 이는 유리한 결과를 얻어내기 위해서라면 어떠한 수단이나 방법이라도 선택하면서, 개인이나 교회에 유익이 되면 하나님의 뜻이라고 해석하고 그렇지 않으면 부인하는 것으로 드러납니다. 교회 안에서 지도자들의 이런 행위들을 자연스럽게 보고 배운 성도들이 사회 안에서 똑같이 행동함으로써 그 결과 개신교인들이 하는 행위가 일반인들이 가지고 있는 보편적인 상식과 도덕적인 기준에도 못 미치는 낯 뜨거운 일들이 비일비재하게 발생하고 있습니다. 그래서 많은 비그리스도인들이 한국 개신교인들을 가리켜 이기적이고 탐욕적인 사람들이라고 고개를 절레절레 흔들고, 이런 이유로 교회의 신뢰도는 날이 갈수록 추락하고 있는 것입니다.

오늘 한국 교회의 정체성 위기의 핵심을 윤리학적 용어로 말한다면 도덕적인 규범에 관한 것이 아니라 목적론과 관련된 것임을 분명히 해야 합니다. 도덕적인 규범들이 광범위하게 병든 이유는 결국은 목적론에 심각한 문제가 발생했기 때문입니다. 이 점에서 한국 개신교에 던져야 할 가장 중요한 질문은 한국 교회가 궁극적으로 무엇을 추구하느냐 하는 것입니다. 지금 한국 교회는 진정으로 무엇 또는 누구를 위해 존재합니까? 교회 자체를 위해 존재합니까, 아니면 제도적 교회보다 더 중요한 하나님 그분이라는 본래적 가치를 위해 존재합니까? 이 점에서 한국 교회는 하나님이라는 목적을 수단으로 전락시켜버린 죄를 범하였다는 것을 부인할 수 없습니다. 즉 한국 개신교의 가장 큰 문제는 하나님이 우리의 예배와 섬김과 삶의 목적이 아니라 우리의 욕구를 충족하기 위한 수단이 된 것입니다. 제아무리 하나님의 이름과 성서 구절로 도배하고 미화한다 할지라도 실제로 그 안에 담겨 있는 근본 동기들은 세속적 성공과 욕망의 충족입니다. 달리 말하자면 이는 많은 한국 개신교인들이 입으로는 열심히 하나님을 찾지만, 그러나 진정으로 하나님을 자신들의 사상과 가치와 삶의 중심에 두지 않는다는 것입니다. 이는 신앙의 경향성에서 생겨난 문제인데, 구약의 예레미야와 호세아가 통렬하게 지적한 우상숭배의 문제와 동일합니다.

교회가 고민해야 할 문제는 건물의 크기와 접근성의 편리, 주차장의 완비 여부와 같은 외형적인 것이 아닙니다. 교회의 중심이 누구를 향해 있고, 교회가 무엇을 가장 사랑하고 있는가 하는 문제입니다. 왜냐하면 교회도 한 개인처럼 자신이 가장 사랑하는 것과 섬기는 것에 의해 그 영적·도덕적·문화적 내용이 결정되기 때문입니다. 그 점에서 한국 개신교가 직면한 가장 심각한 영적인 문제는 하나님이 아닌 우상을 더 사랑하고 좇는다는 것입니다.

우상숭배 문제는 십계명의 제1계명이 지적하는 하나님 한 분 외에 다른 신을 섬기지 않겠다는 고백과 직결되어 있습니다. 우상은 종교적 외형 혹은 상징의 모습이 아니라 중심 가치에 관한 문제입니다. 이스라엘 주위에 포진한 바알과 아스다롯 등과 같은 이방신들은 단순히 그 외형적 형상과 이미지를 뛰어넘어 그 안에 내재해 있는 세속적인 물신주의의 조류와 가치를 말해주는 것입니다. 그런 의미에서 아무리 외형적으로 하나님의 이름을 외치고 하나님의 이름으로 사역을 한다 하더라도, 그 중심에서 추구하는 목적과 가치가 하나님이 아니라 물질과 권력이라면 이는 맘몬이즘이라는 우상을 섬기고 있는 것일 뿐입니다. 우리는 "나더러 주여, 주여 하는 자마다 다 천국에 들어가는 것이 아니요 다만 하늘에 계신 내 아버지의 뜻대로 하는 자라야 들어가리라"(마 7:21)는 말씀의 심각성을 기억해야 합니다.

그렇다면 오늘 한국 교회의 우상들은 무엇이겠습니까? 배금주의와 현세적 성공주의가 가장 강력한 우상이 아니겠습니까? 그런 면에서 한국 개신교가 일제강점치하의 신사숭배 요구와 6·25전쟁시의 공산주의 무신론의 핍박과 싸웠다면, 이제는 자본주의 물질주의, 성장주의, 상업주의와 싸우면서 그 본질과 정체성을 지켜야 할 때입니다. 신앙에 대한 위협과 도전은 외적인 공격과 물리적이고 신체적인 억압의 형태로만 찾아오는 것이 아닙니다. 오히려 외적 핍박이 없는 상황에서의 신체적 안락과 물질적 유혹이 더 큰 위험이 될 수 있습니다. 이스라엘 백성이 광야를 신앙적 투쟁 속에서 성공적으로 지나왔음에도 불구하고, 오히려 가나안에 정착하는 과정에서 주변의 우상(신)들을 섬기고 그 문화와 타협함으로 실패했듯이 지금 한국 개신교는 일제의 핍박과 한국전쟁의 도전을 잘 넘긴 후에 오히려 물질주의라는 거대한 우상의 도전에 직면해 휘청거리고 있습니다. 제아무리 거룩해보이는 종교적 의식과 예전과 신앙적 논리도 그 이면에 숨어 있는 이런 이기적이고 천한 물욕적인 욕망에 지배받고, 또 이것이 싸여 공동체 안에 확산되어 마치 하나의 에토스가 되고 나면 결국 이런 모습들이 위에서 말한 도덕적인 문제들로 밖으로 표출될 수밖에 없습니다.

주지하듯이 우상숭배는 본질적으로 인간의 욕망을 정당화하기 위해 만들어진 수단입니다. 우상 중에서 가장 일반적이면서도 현저한 우상은 탐욕의 우상입니다. 개인이 탐욕이라는 우상을 숭배하는 것을 넘어서 그것을 사회화시키는 데까지 나아가면 이는 바로 욕심과 탐욕의 제도화를 의미하게 되고, 그렇게 되면 대개의 경우 그 사회 안의 가난하고 소외된 자의 권리는 무시되거나 실종되기 십상입니다. 곧 사회정의가 무너지게 됩니다. 그래서 우상숭배에 대한 비판은 사회 내의 불의와 부패에 대한 비판과 나누어질 수 없습니다. 구약의 예언서들을 보면 우상숭배를 일삼는 사회는 동시에 부정의와 불의가 만연한 사회이기도 합니다. 따라서 우상숭배가 공공연히 행해지는 사회와 단체에서는 공의가 이뤄지기 어렵습니다. 오늘 한국 개신교의 우상에 대한 잘못된 이해는 우상숭배의 문제를 사회적 불의와 부패의 문제와 분리하여 단순히 눈에 보이는 종교적 형상의 문제(기독교 외적 종교의 상징과 사물)로 국한시키는 것입니다.

이제라도 한국 개신교는 돈이 우상이 되어버린 사회에서 맘몬에 대한 전쟁을 선포해야 합니다. 한국 개신교는 눈앞의 결과와 성공과 효율성을 위해 교회의 근본적인 본질과 사명을 잊어서는 안 됩니다. 세상에는 절대로 흔들려서는 안 되는 핵심적이고 근본적인 가치와 원리들이 있습니다. 이것들은 가치의 초석을 이루는 원리들입니다. 이것들이 사회를 떠받쳐주고 구성원들에게 사회에 대한 기본적인 신뢰감을 주는 믿음과 신조들입니다. 가령, 피조물을 조물주처럼 섬겨서는 안 되고, 사람이 수단이 되어서는 안 되고, 고의적인 거짓이나 배반이 일상화되거나 가난한 자에 대한 구조적이고 체계적인 압제와 착취 등이 행해져서는 안 됩니다. 이것이 바로 십계명의 원리들입니다. 성서를 보면 이런 가치의 근본원리들이 마구 짓밟히고, 사회의 제도와 이데올로기와 문화 토양이 이런 훼손들을 공공연히 정당화해줄 때 반드시 하나님의 심판이 일어났습니다. 그러므로 이 십계명의 원리들이 현실에 적용되는 가운데서 여러 논란이 있을 수는 있으나, 그 근본정신을 왜곡시키는 것을 쉽게 정당화시켜서는 안 됩니다. 또한 핵심가치와 윤리가 실종된 예배는 하나님의 은혜를 값싼 은혜로 만드는 상업적 종교, 곧 값싼 종교를 양산할 뿐입니다. 그리고 자신도 모르는 사이에 사람들의 저열한 욕망과 이기적인 욕망을 종교의 이름으로 미화시키는 역할을 하게 될 것입니다. 우리는 이런 것들을 경계해야 합니다.

한국 개신교의 문제는 단순히 도덕성의 결여를 지적하는 것만으로는 바르게 분석될 수 없고 또 해결될 수도 없습니다. 한국 개신교의 문제를 바르게 이해하기 위해서는 우리가 진정 누구(무엇)를 섬기고 있는가 하는 신앙의 본질과 씨름해야 합니다. 예수님이 나무는 그 열매를 보아야 안다고 하신 것처럼, 현재 한국 개신교의 열매는 나무와 뿌리의 문제를 해결하지 않고는 얻을 수 없는 것이기에, 한국 교회의 위기 극복은 기독교 영성의 바탕과 내용이라는 신앙의 본질문제에 대한 분석 없이는 이루어질 수 없습니다.

이것은 한국 개신교의 위기를 극복하는 문제가 결국은 근본적인 신앙고백의 차원에서 다루어져야 한다는 것을 의미합니다. 16, 17세기에 일어난 서구의 종교개혁이 오랫동안 누적된 중세 로마 가톨릭교회의 모순과 부패, 인간의 기본 도덕과 상식을 무시하는 여러 교회 내외의 관행에 대한 지성인들의 비판으로부터 시작되어 결국 신학 자체의 관점과 입장과 해석에 대한 비판으로 이어진 것처럼, 현재 한국 개신교에 대한 비판은 이런 신학적 본질에 대한 깊은 분석과 치유를 함께 요구하고 있습니다.

## 2) 적합성의 위기

정체성의 위기와 함께 한국 개신교는 사회적 적합성의 위기를 겪고 있습니다. 오늘 한국 개신교의 문제는 시대의 변화에 따라 자신을 성찰하고 미래를 창조적으로 준비하지 못하게 만드는 교회 내의 전근대적이고 폐쇄적인 사고방식과 여러 제도에서 기인합니다. 지금 한국 개신교의 주류 모델은 현대의 복합화된 사회를 살아가는 젊은이들과 시민들을 바르게 이끌어주기에는 너무나 봉건적이고, 권위주의적인 경향이 많습니다. 이를 적합성의 위기라고 부를 수 있겠습니다.

역사상의 모든 교회는 사회적·문화적인 진공상태 속에서 존재하지 않습니다. 복음의 전파와 그 결과로 탄생하는 교회는 항상 이 복음을 받는 구체적인 청중, 사회의 상황과 문화, 사고방식의 이해를 전제로 합니다. 교회는 고립된 섬이 아닙니다. 물론 교회는 하나님의 말씀의 사건 속에 창조되었지만, 교회 내의 정치, 제도, 문화, 의사결정, 인간관계는 교회가 속해 있는 특정 사회와 문화의 영향을 받지 않을 수 없습니다. 왜냐하면 교회의 구성원들이 사회의 구성원이기도 하기 때문입니다. 교인들도 지역 사회와 기업과 정당과 각종 커뮤니티의 일원으로서 사회 속에서 숨 쉬고 생활하기에 당연히 그 사회의 정서와 문화적 가치의 영향 아래 살아갑니다. 그렇기에 역사적으로 특정 시간 속에 있는 교회는 그 구성원들이 속한 사회의 문화, 전통, 사고방식들을 반영하고 또 표출하고 있습니다.

현금의 한국 사회는 여러 면에서 탈근대사회의 양상을 뚜렷이 보여줍니다. 탈근대사회는 거대담론(meta narrative)을 거부하는 사회입니다. 전통적인 권위와 질서에 맹목적으로 순종하기보다는 자신의 상식과 가치와 이해의 잣대로 사물을 판단합니다. 객관적인 우주의 보편적 진리와 도덕성과 미의 기준들을 부인하고 경쟁적인 여러 가치와 상대화된 진리의 기준들 속에서 개인이 갖는 주관성과 역사의 여러 독특한 상황을 강조합니다. 마치 인터넷에서 어떤 단어를 검색할 때 뜨는 수많은 정보 속에서 자신이 원하는 것만을 선택하듯, 개인은 사회와 자기 주변을 그저 자신의 주관적 기호와 선택에 따라 반응하고 관계할 뿐입니다. 또한 사람에 대한 충성과 맹종보다는 여론이 다양한 경로와 방법을 통해 하나의 담론으로 수집되는 과정 속에서 자신의 의사결정을 만들어갑니다.

지금의 한국 사회의 젊은이들은 민주화와 경제성장의 수혜를 톡톡히 경험한 세대입니다. 그 결과 그들은 권위적·수직적·형식적인 인간관계와 의사결정을 거부합니다. 대신 수평적이고 민주적이며 자유로운 인간관계와 의사결정을 선호합니다. 지난 수십 년간 한국 사회는 자의건 타의건 간에 서구사회의 여러 제도와 정책과 방법론들을 거침없이 받아들이면서 전보다 훨씬 더 개방적·민주적·참여적인 사회로 발전하였습니다. 그리고 민주화 과정을 통해 인권이 많이 신장되었고 비판적인 표현 능력들이 개발되었습니다. 또한 많은 유학생들과 일반인들의 해외체류 경험들이 창의적이고 자율적인 사회 활동과 참여들을 가능하게 하였습니다. 물론 아직도 혈연, 지연, 학연의 전근대적인 흔적들이 깊게 남아 있고, 각기 다른 의견들 속에서 다수의 의견을 발견하는 동시에 소수의 의견을 존중하는 합리적인 방법을 모색하는 데 있어서 부족한 점들이 남아 있지만 그럼에도 불구하고 인간관계의 측면에서 여러 민주적·개방적 성향들이 강하게 나타나는 것만은 분명합니다.

따라서 오늘의 한국인들이 겪는 사회적 도전과 문제는 30년 전의 도전과는 분명 다릅니다. 경제적 개발과 성장이 사회의 거의 유일한 화두였던 1970-1980년대 시기에는 물질적 번영과 건강이라는 교회의 단순한 메시지가 사회 대중에게 잘 통했을지 몰라도, 지금의 젊은 세대들과 30-40대들에게는 이 메시지만으로는 턱없이 부족합니다. 예컨대, 소위 말하는 386세대는 지금의 40대를 구성하는 세대로서 민주화 세대라고 정의할 수 있습니다. 이들은 인간의 실존적인 고민을 단순히 경제적인 성공만으로 환원시키지 않는 대표적인 세대입니다. 이들은 부부 사이의 삶의 질과 자녀의 교육에 대한 고민뿐만 아니라 환경문제, 사회정의, 좌우의 이데올로기의 대립을 고민하는 경우가 많습니다. 그런 이들에게 과거의 패러다임인 건강과 물질적 축복의 메시지만을 고집하는 것이 얼마나 비현실적이겠습니까?

## 3) 교회 내적인 한계: 전근대적 전통과 권위주의

120년의 역사를 지나오면서 한국 개신교 안에는 나름의 다양한 교회적 전통들이 생겨났습니다. 한국 교회의 전통은 주초금지, 이혼금지, 도박금지 등의 경건생활을 강조하고, 새벽기도에 힘쓰며, 십일조를 드리고, 구역 예배로 모이며, 교회 내의 각종 봉사와 선교 활동 등에 참여하는 것을 바탕으로 하고 있습니다. 물론 이 모두는 당시의 교회들이 스스로의 생존과 성장을 모색하며 또 성도들의 신앙 성장을 돕기 위해 강구해낸, 그 시대적 필요가 반영된 것들입니다. 하지만 이런 전통적인 규범들이 오늘날에도 성도들의 삶과 신앙에 여전히 충분한 적실성을 갖고 있는지 아니면 보완되고 수정되어야 할지는 생각해봐야 할 문제입니다. 앞서 말씀드린 것처럼 교회의 사역과 성도의 삶이란 게 사회의 제문제들과 무관할 수는 없습니다. 교회가 자신이 속한 사회 속에서 그리스도의 치유의 은혜와 구원의 역사를 전하고자 한다면 필연적으로 그 사회 속의 악의 역사와 병리현상들과 그로 인한 사람들의 고통과 고민의 문제에 대면하지 않을 수 없습니다. 때문에 교회는 시대마다 새롭게 제기되는 사회적 문제들과 병리현상들에 대해서 고민하고 연구해야 합니다.

그럼에도 불구하고 한국 개신교 내의 모습은 아직도 봉건적이고 전근대적인 사고방식과 행동양식을 많이 보여주고 있고, 이런 개신교의 현실은 탈근대시대의 생활양식과 자주 갈등을 불러일으키고 있습니다. 전통적·권위주의적인 교회들은 아직도 과거의 향수에 매여 있는 나머지 오늘날의 사회적 변화나 욕구에 둔감한 경우들이 많습니다. 또 권위주의 모델의 전통적 제도적인 교회들은 사회 민주화와 양성평등, 언론의 자유와 표현이 교회에 흘러들어 오는 것을 두려워하거나 당혹해 하며 방어적인 태도를 취하기 쉽습니다.

그러나 지금 우리가 살아가는 탈근대사회는 단순한 신앙 공식만을 갖고서 모든 문제의 해결점을 제시할 수 없는 다차원적인 사회라는 것을 인식하는 것이 중요합니다. 과거에 비해 오늘날 사람들의 삶은 아주 복잡해졌습니다. 가족 단위도 시골에서의 대가족 중심이 아닌 도시를 기반으로 한 소가족 혹은 개인 중심적으로 변해버렸습니다. 이렇게 사회구조와 문화가 확연히 변한 상황에서 가정윤리, 성윤리, 경제윤리 등은 새로운 방향 제시와 내용을 요구하고 있습니다. 개신교인들의 가정 중에도 이혼의 고통을 겪고 있는 사람이 점점 더 많아지고 있으며, 자녀들이 탈선하고 여러 정신적인 문제와 질환들을 앓는 경우도 허다합니다. 하지만 이런 시대적이고 사회적인 문제들에 대해 교회가 얼마나 전문적인 돌봄 사역을 진행하고 있고 또 적절한 방향 제시를 하고 있는지에 대해서 심히 의문입니다. 솔직히 아직도 상당수의 한국 교회의 윤리적 틀은 전통적인 보수성과 단순성의 차원을 넘어서지 못하고 있는 것이 현실입니다. 그러나 이미 다원화된 사회의 문제들을 신앙의 낭만적 단순성의 틀 안에 욱여넣으려 하는 것이나, 신앙의 한 단편적 공식이 모든 문제의 해결이 되는 것처럼 주장하는 것은 더 이상 설득력이 없어 보입니다. 교회 안에서 자신들의 문제를 내어놓을 자리가 없거나 또는 내어놓더라도 정죄받거나 판단받는 것을 두려워할 경우 사람들은 슬그머니 교회를 떠날 수밖에 없습니다.

    또한 안타깝게도 한국 개신교는 아직도 근대 이전의 권위주의적인 리더십과 인간관계의 모형과 의사소통 방식을 따르는 경우가 많습니다. 한국 사회는 더 민주화, 평등화되어가고 있는데도 교회는 아직도 과거의 향수에 사로잡혀 권위주의적인 문화를 청산하지 못하는 경우가 비일비재합니다. 사회가 양성평등을 향해 힘차게 나아가고 있는 시점에서도 교회는 아직도 남성 중심적인 권위주의에서 못 벗어나고 있습니다. 또 한국 중산층 시민사회와 젊은 세대는 서구화된 지식과 제도, 문물을 교육과 매스미디어를 통해 빠르게 흡수하여 현대화, 세계화해 나가고 있는 데 반해 개신교 안에는 아직도 전근대적인 가족주의, 지역주의, 봉건주의가 여전히 잔존하고 있습니다. 그 결과 교회의 조직과 의사소통은 권위주의적이고 일방적이어서 결국 공동체의 의사소통 구조를 질식시킬 수밖에 없습니다. 교회의 봉건적이고 가부장적인 사고방식, 상명하복식의 일방적 의사소통은 현대를 살아가는 젊은 세대와 공존하기가 매우 어렵습니다. 물론 교회 안에서의 의사소통의 민주화가 목회자와 같은 교회 직분의 기본적인 권위마저도 무시해야 한다는 것은 아닙니다. 하지만 현대의 민주적이고 수평적인 사회에서는 특정한 직분이 기능의 역할을 넘어 신분의 성격을 띠는 것을 배격할 수밖에 없습니다. 곧 특정 직분에 내재된 기능을 통한 권위의 주장과 배분은 이루어지지만, 그 기능이 행하는 역할 외에서는 모두가 평등한 것입니다. 그럼에도 불구하고 아직도 교회 안에는 이런 부분에 대한 진지한 고민과 개선의 노력이 많이 부족합니다.

적합성 부족의 또 다른 예로는 한국 개신교의 전통적인 윤리인 개인윤리(술, 담배문제와 주일 성수, 십일조 등)를 꼽을 수 있습니다. 이런 개인윤리는 그 폭이 아주 제한된 규범론적인 윤리로서 이 시대의 사람들이 경험하고 있는 아주 복잡하고 미묘한 삶의 요구들을 해결하기에는 너무 편협할 수밖에 없습니다. 주일성수, 성적인 신실함, 도박금지, 주초금지 등을 강조하는 개신교의 도덕률이 선교 초기에 사회를 변화시키는 데 많은 공헌을 한 것이 사실입니다. 그러나 교회 안에 배금주의나 물량주의, 기복주의가 견고하게 자리 잡게 된 실정에서 이렇게 초기의 도덕률만을 고수하는 것은 오히려 위선으로 간주되어 사회적 조소와 공분을 사고 있다는 것을 알아야 합니다.

오늘날 평신도들은 자신이 속한 삶과 직업의 영역에서 하나님의 뜻을 발견하고 그것을 구현시켜갈 수 있는 구체적 방향성과 지침을 애타게 찾고 있습니다. 그러나 교회가 제시하는 많은 단편적인 신앙원리들은 복합화, 다원화된 사회의 변화 앞에서 대개는 무용지물일 때가 많습니다. 평신도들은 삶의 제반 문제들, 곧 교육, 주택, 가정, 성, 우정, 취미 등등 속에서 구체적이고 실제적인 대안의 제시를 갈망하고 있습니다. 하지만 한국 개신교는 교회 안의 협소한 신학은 있으나, 교회와 세상을 유기적으로 연결해주는 통전적인 신학의 부재(不在)로 평신도들의 삶을 지도하는 데에 많은 어려움을 드러내고 있습니다.

급변하는 사회 속에서 끊임없이 발생하는 지적·문화적·도덕적 요구는 무시한 채 전통적인 신앙의 틀만을 일방적으로 강요할 수는 없습니다. 우리는 탈근대사회에서 사람들이 겪고 있는 다양한 고민들을 진지하게 이해하며, 그들이 기독교 신앙에서 해답을 찾도록 도와야 합니다. 일례로 우리 시대의 젊은이들은 한국 현대사의 고난의 잔을 마셔본 경험이 없습니다. 또 이들은 산업화·민주화·정보화의 혜택을 받고 성장한 세대입니다. 그들이 권위주의와 상명하복의 단순논리를 거부하는 것은 너무 당연합니다. 이런 사람들에게 어떤 방식으로 복음을 전해야겠습니까? 그것은 우리가 종래에 견지해왔던 복음 전도와 의사소통의 방법에 새로운 변화를 요구합니다.

예를 하나 들어봅시다. 전철과 거리 등에서 행하는 "예수천당, 불신지옥"이라는 전통적인 전도 방법은 이제 우리 사회의 수준에 적합하지 않으며 오히려 사람들에게 혐오감을 주는 경우가 더 많습니다. 그것은 오늘의 시민사회 일반의 보편적인 상식과 예의에 위배되기 때문입니다. 따라서 이제 한국 교회의 전도사역은 막연하게 성령이 역사할 것이라는 일방적인 억측보다는, 복음을 접촉하는 자들의 삶과 고민의 현장에 지혜롭게 연결될 수 있는 관계적인 전도 사역으로 변해야 합니다. 비신자나 타 종교인들을 사탄으로 취급하고 적대시하는 선교제국주의적인 태도보다는 그들의 세계관을 바로 분석하고 접촉점을 찾아내는 대화식 전도로 바뀌어야 합니다. 사도 바울도 아테네에서 제우스 신전을 보고 이를 무작정 적대시하기보다는, 그것과 기독교 신앙의 접점을 찾고 이를 통해 복음을 전하지 않았습니까?(행 17:16-34 참조)

신학적 성찰을 거부하고 사회와의 소통을 거부하는 교회들이 부딪치는 위험은 교회 전통과 관습의 화석화입니다. 이런 교회들이 안고 있는 또 다른 위험은 교회의 국지적인 신앙경험, 또는 특정 상황 속에서 형성된 신앙의 전통을 복음의 본질로 착각하는 것입니다. 따라서 성서에 계시된 복음의 본질과 정체성의 기준에 입각하여 교회의 전통들을 비판적으로 냉철히 분석하고 재정립하는 일을 게을리할 때 필경 우리는 전통의 포로가 되기 쉽습니다.

역사적으로 볼 때 절대다수의 교회들이 자신들이 물려받은 교회 내의 여러 관습과 전통을 복음의 본질인 것처럼 착각하였습니다. 이렇게 되기 쉬운 이유 중 하나는 교회의 전통들이 강력한 권위체계와 규범과 예식을 통해 전달되고, 정형화되고, 개인의 삶에 내면화되며, 그 과정에서 강제성을 띠기 때문입니다. 성서와 기독교 역사의 눈으로 볼 때 유감스럽게도 인위적인 전통을 본질처럼 여기는 착각은 자주 일어나는 일이며 그것은 참으로 무서운 결과를 초래합니다. 왜냐하면 이는 신앙적 생명력과 역동성을 점차 잠식하며, 의식적이고 제도적인 것들을 경건의 본질로 혼동하게 만들기 때문입니다. 이는 종교사회학자 막스 베버의 말을 빌자면 카리스마의 제도화며, 바울의 가르침에 따르면 경건의 모습은 있으나 경건의 능력은 잃어버리는 것입니다(딤후 3:5). 이것은 우리가 예수님으로부터 장로의 유전은 존중하였을지 모르나 하나님의 말씀은 저버렸다는 책망을 받게 됨을 의미합니다.

 모든 조직은 조직 자체의 생존과 번영만을 그 목적으로 하는 속성에서 좀처럼 벗어나기 힘듭니다. 교회도 마찬가지입니다. 교회가 스스로의 생존과 번영을 위해 복음과 성서를 끌어다가 자신을 정당화하고 있는 것인지, 아니면 복음의 목적을 위해 사람들의 에너지와 자원을 조직화하고 있는 것인지를 구분하지 못할 때 그 교회는 필연적으로 본질을 잃을 수밖에 없습니다. 그렇게 되면 교회는 집단 이기심에 빠지기 쉽고, 조직 자체의 생존을 위해 다른 것을 이용하는 본말전도의 현상이 일어납니다. 이때부터 교회는 생명력을 잃기 시작합니다. 생명력을 잃은 교회란 자기 스스로를 위해 존재하는 교회입니다. 하지만 오직 스스로만을 위해 존재하는 교회는 존재의 목적을 상실한 교회일 뿐입니다.

 예수님 시대에도 바리새파 사람들은 자신들의 전통을 하나님의 뜻으로 착각하여 예수님이 보여주신 깊고 강력하고 신선한 하나님의 뜻, 곧 복음의 본질을 받아들일 수가 없었습니다. 그들은 전통에 매여 하나님의 가장 근본적인 요구인 "인(love), 신(trust), 의(righteousness)"는 버렸습니다(마 23:23). 이들은 자신들의 정체성을 성전과 율법에서 찾음으로써 하나님과의 살아있는 관계를 2차적인 것으로 만들었습니다. 물론 바리새인들도 자신들의 전통을 지키는 일이 곧 하나님을 섬기는 일이라 믿기는 하였지만 그것이 그들에게는 더 큰 비극이었습니다.

우리는 성서에서 복음의 근본적 가치와 영적 정향성을 배워야 합니다. 그리고 이 근본 가치와 정향성의 틀 안에서 한국 교회 안에 상존하고 있는 여러 전통적인 규례나 관행(practices)에 대한 비판적이고 신학적인 토론과 검증 과정을 진행해야 합니다. 그렇지 않으면 새로운 흐름을 만들기 어렵습니다. 예리하고 적절한 신학적인 성찰과 교회 내의 민주적인 토론 없이는 복음의 본질과 상관없는, 그리고 현실과도 동떨어진 여러 관행과 조직, 그리고 제도의 굴레에서 좀처럼 벗어나기 어려울 것입니다.

## 4) 구도자 예배와 문화사역의 한계

오늘날 많은 교회들이 다양한 시도를 통해 한국 교회의 위기상황에 대처하고자 노력하고 있습니다. 구도자 예배, 열린 예배, 셀 그룹, 가정교회, 여러 종류의 제자훈련과 사역 프로그램이 그것들입니다. 많은 교회들이 구역 조직을 셀 조직(가정, 목장)으로 변화시켜 평신도 사역을 활성화하고 그 안에서 수직적 인간관계를 수평적으로 바꾸어가고자 합니다. 또 전통적인 예배당의 모습을 무대를 강조하는 현대식으로 개량하고, 엄숙하고 경건한 찬양대보다는 현대식 악기로 무장한 찬양단이 활기차고 경쾌한 복음송을 앞세워 예배를 인도하는 교회들이 점점 더 늘고 있습니다. 첨단 정보통신 장치와 기법들을 도입하여 현대적 문화코드에 익숙한 사람들의 기호에 맞추어 예배를 재구성하기도 합니다. 이런 모든 시도들은 성도들의 변화된 문화적 의식과 욕구에 부응하기 위해서, 그리고 사회 일반의 여러 요청 속에서 자연스럽게 이루어지고 있는 것입니다. 교회 본당 주변에 선교관과 교육관뿐 아니라 사회복지관이나 도서관, 서점, 카페 등을 건축하여 이웃에 친근한 교회로 자리매김하고 싶어하는 것도 같은 맥락에서 이해할 수 있을 것입니다.

한국 교회의 이런 변화에 가장 큰 영향을 주고 있는 미국의 목회자들이 빌 하이벨스, 릭 워렌, 조엘 오스틴입니다. 특히 빌 하이벨스의 경우에는 불신자들이 교회에 부담 없이 접근할 수 있도록 하기 위해서 다양한 심리학적 메커니즘과 엔터테인먼트 기법들을 적극적으로 동원하고 있습니다. 현대적 경영기법에 기초한 이들의 시도들은 교회로 하여금 오늘의 변화하는 문화를 이해하고 이에 적응하는 데 도움을 준다는 면에서 한국 개신교의 적합성 위기의 해결에 일정 부분 설득력을 갖는 것이 사실입니다. 하지만 이들의 방법이 얼마나 한국 교회의 정체성 위기, 즉 신앙의 본질 회복에 도움을 줄지는 의문입니다. 사실 이 모델은 이미 윌로우크릭교회의 자체 보고서 『발견』(*Reveal*, 국제제자훈련원 역간)에서 거론되고 있는 바와 같이 개교회의 유지나 성장에는 일시적 도움을 줄지 모르나, 성도들 영성의 지속적인 성장과 성숙에는 큰 문제를 안고 있다는 것이 밝혀졌습니다. 따라서 이들이 말하는 문화사역이란 교회의 문화적 취향을 바꾸는 데 그치기 쉽고 복음의 본질적인 가치와는 얼마든지 무관할 수 있다는 것을 간과해서는 안 됩니다.

구도자 중심의 예배를 기획하고 추구하는 교회와 목회자들의 경우, 그 초점이 어떻게 하면 개인이 자본주의 사회 안에서 잘 적응할 것이냐와 어떻게 복음전도를 통해 교회에 사람들을 더 효과적으로 모을 것이냐에 있지, 성도 개인으로 하여금 제자도의 삶을 살게 하고 또 교회로 하여금 복음의 본질을 회복하여 대사회적인 공신력을 회복하는 데 목적을 두지 않습니다. 즉 많은 구도자 중심의 교회들이 교회를 찾아오는 개인들의 피상적인 욕구와 흥미와 관심을 더 잘 충족시켜주는 데 그 초점이 있습니다. 대신 그 욕구와 흥미와 관심의 기저에 깔린 더 근본적이고 영적인 고민들에 대해서 답을 제공하고, 또 이런 욕구와 흥미와 관심을 부추기고 자극하는 사회구조와 문화의 여러 양태를 비판하는 데는 관심이 약합니다. 문화사역을 통해서 교회 성장과 부흥을 꾀하는 절대다수의 교회들이 성도들의 복잡한 삶의 현장에서 발생하는 병리현상에는 눈을 감고 단지 심리적이고 사적인 영성을 통해서 일시적으로 사람들을 즐겁게 하는 일에 몰두하는 경향이 농후합니다. 그런 교회들은 예배를 마치 방송의 오락프로그램이나 스포츠, 여가 등이 사회 안에서 수행하고 있는 역할과 같은 것으로 전락시켜서 많은 경우 개인의 심리적·정서적 평안과 양육에만 목회적 초점을 맞춥니다. 그런 상황에서는 설령 어떤 치유가 일어난다 하더라도 그것은 개인적 치유일 뿐 더 근본적으로 그런 병리현상을 일으키는 제도와 문화에 대한 비판으로는 나아가지 못합니다. 달리 말하자면 이들이 추구하는 구도자 예배 속에 담겨 있는 세계관과 가치관은 배금주의와 개인주의라는 현대 자본주의적 핵심 가치와 구분이 안 되는 경우가 허다하며, 따라서 복음의 본질(하나님의 "의", "인", "신")에 못 미치거나 오히려 배치될 수 있다는 것입니다.

그러므로 미국의 메가처치 구조와 구도자 예배는 한국 개신교의 개인 경건주의와 축복신앙 성공주의 복음의 기조 자체를 변화시키기에는 턱없이 모자랍니다. 구도자 중심의 예배와 사역은 기복적인 종교와 같이 복음을 부분적이고 편파적으로 전할 위험이 크기 때문입니다.

이런 형태의 신앙생활이 오래 반복되면 결국 복음은 값싼 복음으로 전락하게 되고, 그 결과 성서의 진리로부터 멀어질 위험이 큽니다. 솔직히 문화적 형태의 예배는 한국 개신교의 성장과 축복이라는 전통적인 영성의 기조는 유지한 채, 단지 영적 소비자들의 구매력을 높이기 위해 디자인을 바꾸는 정도에 불과하기 때문입니다. 또한 구도자 예배와 문화사역은 장기적으로 볼 때는 그 효과가 확실히 보장된 것도 아닙니다. 왜냐하면 훌륭한 문화적 상품과 좋은 도서관과 서점이나 카페는 교회 밖에도 많기 때문입니다.

사람들의 현재의 고민과 문제를 깊이 있게 읽어내고 설명해주지 못하는 종교는 사회로부터 도태될 수밖에 없습니다. 하지만 사람들의 고민을 읽어내는 것이 단순히 문화의 겉모습만 보고 이에 영합하는 것이 되어서는 안 됩니다. 오늘날의 개신교 패러다임의 변화란 전도의 효율성을 목표로 탈근대주의의 문화적 코드를 이해하고 적응하는 것만으로 끝나서는 안 됩니다. 오히려 대중문화의 표면에 드러나지는 않고 있지만, 그 안에 더 깊이 담겨 있는 현대인의 갈망과 욕구를 해석해낼 수 있는 통찰력을 보여줄 수 있어야 합니다. 또한 문화적 코드와 상징 및 언어 뒤에 감추어진 위험한 가치와 숨겨진 세계관에 대한 비판과 도전으로 이어져야 합니다.

물론 시대의 문화적 변화로부터 유리된 교회는 복음을 전달하는 일에 여러 어려움을 겪을 수밖에 없습니다. 왜냐하면 복음 전파도 결국은 여러 문화적 의사소통의 수단과 매체들을 불가피하게 사용하기 때문입니다. 하지만 이런 문화적 매체만이 복음 전달의 모든 수단으로 오해해서는 안 됩니다. 설령 시각과 청각 효과를 자극하는 아무런 매체가 없더라도 결국 그리스도인의 삶 자체가 가장 중요한 복음의 매체이기 때문입니다. 또한 시청각 매체가 아무리 좋다 할지라도 삶이 떠받쳐 주지 못하는 신앙은 오래갈 수 없습니다. 이 점에서 우리는 메가처치와 구도자 예배가 의존하는 문화매체들과 또한 이들 교회와 예배가 암묵적으로 지지하고 있는 신자본주의 사회의 여러 가치에 대한 복음적 비판이 꼭 필요합니다.

한국 개신교의 변화는 교회와 문화만의 관계가 아닌, 한국 시민사회와 여러 사회기관과의 관계를 재정립하는 데까지 나아가야 합니다. 지난 수십 년 동안 한국 사회의 문화와 사회기관들은 엄청난 변화를 겪었습니다. 한국 교회가 문화의 적합성만 이루고, 이러한 대(對)사회적 관계를 신학적으로 정립하지 못하면 교회의 사회 내 위치는 여전히 수동적인 상황 속에 놓일 수밖에 없습니다. 과거에는 개신교회가 사회적 의식과 교육수준이 가장 앞선 조직 중 하나였으나 이제는 사회의 여러 기관의 의식이 교회의 사회 의식과 판단을 앞서는 경우도 많습니다. 이런 상황에서 교회가 제반 사회적 기관들과의 협력과 견제의 관계 속에서 사회 전체의 공동선을 향상시키는 메시지를 개발하지 못한다면, 마치 구식 예배와 구식 예배당이 오늘 사람들에게 그 매력을 잃듯, 개신교의 메시지도 사람들로부터 외면을 받을 것입니다.

요약하자면, 지금 한국 개신교에 진정으로 필요한 것은 구도자 예배와 같은 기술적 대응이 아니라, 한국 사회 전체를 복음의 가치와 능력으로 변혁시킬 수 있는 근본적인 대응입니다. 여기서 교회의 기술적 (기교적) 대응이 미시적이고 기능적인 부분의 조정만을 통해 문제 해결을 추구하는 것이라면, 근본적 대응이란 지금까지 해오던 방법들이 더 이상 문제 해결에 도움이 되지 않기 때문에 완전히 새로운 해결방법을 찾는 것입니다. 그것은 지금까지 해오던 통상적인 방법과 가치체계(주 안점, 순위 등)와의 철저한 결별과 함께 전혀 새로운 길을 모색하는 것입니다. 즉 패러다임의 전환을 의미합니다.

## 위기의 핵심: 공적 영성의 결여

한국 개신교의 위기가 결국 신앙의 본질이 무엇인가 하는 정체성의 위기와 동시에 성도들의 신앙을 변화하는 사회와 연결시켜주는 일에 실패한 데서 비롯된 적합성의 위기라면, 이 두 위기의 밑바닥에 도사리고 있는 보다 근본적인 원인으로 한국 개신교의 공적 영성의 결여를 꼽을 수 있습니다. 곧 하나님을 추구하는 근본 동기가 공적인 목적이 아닌 사적·이기적 축복에 한정되어버린 것과 사회와 진지하게 소통하기를 거부한 것이 이 두 위기의 원인입니다.

공적(public)이란 사적(private)·이기적(selfish)인 것과 반대되는 개념으로 한 개인이 공동체의 일원으로서(그리스도인들에게는 하나님의 창조세계와 그 나라의 시민으로서) 감당해야 할 사회적 참여와 책임을 말합니다. 그리스도인 개인의 영성 면에서 볼 때 공적 영성이란 객관화된 사고와 가치관으로 공동체의 여러 문제에 기독교적인 안목을 가지고 참여하는 것입니다. 이런 공적 영성은 그리스도인의 성숙과도 일맥상통합니다. 그 이유는 공적 영성을 통해 이기적이고 당파적인 영성의 수준을 넘어서 하나님과 공동체를 바로 섬기는 모습을 구현할 수 있기 때문입니다. 따라서 공적 영성의 핵심은 하나님을 섬기고 이웃을 사랑하는 것입니다. 우리는 그리스도 예수를 통해 우리를 죄와 사망과 악의 권세에서 건져주신 하나님의 사랑에 대한 응답으로 하나님 사랑과 이웃 사랑, 즉 십계명의 핵심 가치의 삶을 살도록 부름 받았습니다. 이것이 신앙의 본질이요 내용이며 목적입니다. 하나님 사랑과 이웃 사랑이라는 신앙의 본질이 바로 서 있지 못할 때 교회는 병들기 시작합니다. 신앙의 본질이 무너지면 하나님 대신 교권과 자기 자신을 섬기고, 이웃 대신 자기의 유익을 추구합니다. 구약의 선지자들의 질타의 대상이었던 부패한 성도와 공동체들은 바로 하나님 사랑과 이웃 사랑이라는 공적 영성의 근본을 잃어버린 자들이었습니다.

또 공적 또는 공공성이란 말은 소통(communication)이라는 말과 밀접한 관계가 있습니다. 기독교 신학에서 말하는 "계시"란 넓은 의미에서 하나님의 소통을 뜻하며, "구원되었다" 하는 것은 이제 그리스도 안에서 하나님과 우리의 소통 관계가 완전히 회복된 것을 말합니다. "하나님과의 동행"이란 의미도 바로 성령 안에서 이루어지는 소통의 지속성을 의미합니다. 따라서 공적 영성이란 이 소통의 폭이 나 중심으로부터 하나님 중심이라는 훨씬 더 넓은 차원으로 옮겨가는 동시에 하나님의 창조물인 세상과 역사도 그리스도 안에서 하나님과의 화해를 위해 바로 이 소통 속에 초대되는 것입니다.

그러므로 공적 영성이란 신앙의 신비적(mystical) 또는 그리스도와의 개인적 친밀함(personal intimacy)과 반대되는 것이 아닙니다. 공적 영성은 또한 성도의 신앙의 비밀스러움과 그리스도인의 종교적 경험의 독특성을 양보하라는 것도 아닙니다. 오히려 신앙의 신비하고 비밀스

러운 경험들은 우리의 신앙을 공적이며 보편적으로 발전할 수 있도록 이끌어줍니다. 신앙의 개인적 신비와 공공성이 모순되지 않고 오히려 보완, 일치되는 것은 우리 기독교 신앙의 가장 근본바탕이 되는 성부, 성자, 성령의 삼위일체 하나님 안에서의 자연스런 귀결입니다. 우리와 하나님과의 친밀함이 성령의 내주하심과 동행하심에서 이루어진다면, 성령의 친밀하신 내주의 역사는 우리 안에 제2의 아담이며 새 인류의 표상인 그리스도의 형상을 회복해가는 동시에 또한 우리를 통해 이 땅에서 하나님의 창조를 회복해가도록 만듭니다. 즉 하나님과 더욱 친밀히 만날수록 우리는 하나님의 창조와 구원의 공적 차원을 이해하게 되고 그 공적 사역에 동참할 수밖에 없게 됩니다. 그런 점에서 오늘날 소위 보수와 진보 진영에서 말하는 개인 신앙과 사회복음의 양자택일은 잘못된 선택을 강요하는 것입니다. 하나님과 친밀한 사람일수록 공적인 영성을 소유하게 되고 또 공적 성도로 자라갈 수밖에 없습니다. 이것은 한국 교회에 만연한 공적 영성의 부재가 아이러니하게도 하나님과의 관계의 근본성에 문제가 있음을 보여주는 것이라고 말할 수 있습니다.

공적 영성의 결여는 하나님의 은혜를 값싼 은혜로 만듭니다. 공적 영성을 상실한 교회는 세상의 이기심과 천민자본주의의 거센 파도를 뛰어넘을 수 있는 성도들을 만들어낼 수 없습니다. 하나님을 최우선적인 사랑의 대상으로 분명하게 선택하는 결단이 없는 신앙은 인간의 이기심과 욕망만을 채워주는 데 그치기 때문이며, 개인의 물질적 필요와 욕구 만족에 머무르는 종교는 결국 욕구 만족 이후에 찾아오는 부패와 유혹의 위험을 벗어나기 힘들기 때문입니다. 이 점에서 한국 개신교가 신앙의 가치와 영적 본질에 대한 분명한 싸움을 도외시한 채 문화적인 적응으로 이 상태를 헤쳐나갈 수 있을 것이라고 기대한다면 그것은 착각일 뿐입니다. 오히려 시간 낭비로 끝날 위험이 다분합니다.

공적 차원이 무시된 기독교 영성은 대중의 감성적 코드를 일시적으로 건드리는 치유(therapy)의 차원에 그 역할이 제한됨으로써, 교회가 몸담은 사회 전체에 선한 영향을 미치는 도덕적 지도력을 행사하기 어렵습니다. 특히 한국처럼 많은 외침을 경험하고 열강들의 압력과 남북분단의 상황이 아직 계속되고 있는 나라에서, 공적인 차원과 역사적 차원을 외면하는 종교는 국민들의 존경을 받기 힘듭니다. 사회 대중이 볼 때, 개인의 욕구와 필요를 충족시키는 데만 치중하는 종교는 편의적이고 기회주의적이라는 인상을 주기 쉽고, 삶의 근본적 의미와 가치는 외면한 채 문화적 현상에 피상적으로 대응하는 것에만 집중하는 종교는 상업주의적인 모습으로 비치기 쉽습니다.

공적 영성의 회복은 한국 개신교의 사회적 생존을 위해 꼭 필요합니다. 한국은 불교, 가톨릭, 유교, 무교처럼 오랜 역사를 가진 영향력 있는 여러 종교가 공존하고 서로 경쟁하는 나라입니다. 바로 그런 이유로 한국의 개신교 지도자들과 평신도들이 더 많이 노력해야 합니다. 그렇지 않으면 인생의 의미와 목적을 찾는 사람들이 개신교가 아니라 가톨릭이나 불교와 같은 타 종교에서 답을 찾으려고 할 것이며, 이는 이미 우리 주위에서 공공연히 일어나고 있는 현상입니다. 특히 한국과 같이 주변의 열강에 둘러싸여 있고, 역사적 격동과 변화가 많은 나라에서는 종교가 개인적 차원의 가르침에만 머물 수 없습니다. 한국 불교와 유교의 흥망성쇠의 원인과 과정을 역사적으로 살펴볼 때, 한국 사회는 국가와 민족이 직면하는 수많은 사회적 이슈들에 대해서 종교가 바른 분석과 대안을 제시해줄 것을 기대하고 요구하는 것을 알 수 있습니다. 한국인들은 종교로부터 단순히 개인적인 위로를 얻는 데서 만족하지 않고, 사회 전체의 바람직한 영적 방향과 삶의 모습들을 제시받기를 원합니다. 이런 이유로 한국 사회에서는 종교 간 인구이동은 있어도 종교인들의 절대적 숫자는 크게 변하지 않으리라는 것이 필자의 생각입니다. 이는 우리 민족이 전통적으로 종교심이 강한 민족이라는 것과 우리나라의 여러 지정학적이고 사회적 환경에서 비롯된 것입니다. 즉 지금까지 한국인들은 사회적 혼란과 급변 속에서 신뢰하고 의지할 수 있는 종교를 찾아왔습니다. 또한 동시에 한국인들은 신뢰성을 잃어버린 종교로부터 과감하게 등을 돌리는 모습도 보여왔습니다. 이런 이유로 한국 개신교가 스스로 변하지 않으면, 한국 사회는 개신교를 외면하고 배척할 것입니다. 고려 말 불교의 총체적인 타락과 정치 관여, 그리고 더 근본적으로는 그 당시 고려 불교가 가지고 있었던 패러다임이 지식층은 물론이거니와 일반 대중에게도 외면을 받았듯이, 또 조선 말 유교가 지나친 관념주의와 허례허식으로 실학자들과 일반 대중의 질책을 받았듯이, 오늘날 개신교도 변화하는 삶과 시대적 욕구, 상식과 동떨어진 행동양식으로 질타를 받고 있습니다. 이런 상황에서 개신교가 불교와 유교가 걸었던 길을 답습하지 말란 보장이 어디 있겠습니까?

    한국 개신교의 위기를 뛰어넘기 위해서는 공적 영성을 회복하고 이를 친밀성과 조화시키는 것이 필수적이라고 봅니다. 이 둘이 균형과 조화를 이룰 때 정체성과 적합성의 위기를 극복할 수 있을 것입니다.

    참으로 안타까운 것은 한국에 개신교가 처음 들어올 때는 전혀 이렇지 않았다는 점입니다. 오히려 한국의 초기 개신교는 어떤 다른 종교나 기관보다도 더 충만하고 깊은 공적인 영성을 가지고 민족을 계몽하고 역사를 변혁시켰으며 가난한 이웃을 돌보는 데 힘썼습니다. 그렇다면 왜 한국 개신교가 공적 영성을 상실한 채 사적 종교로 전락하고 말았을까요? 그 이유가 무엇일까요?

다음 장에서는 개신교의 공적 영성의 약화를 가져오는 데 공헌한 여러 가지 전통적인 종교와 문화적 요소들을 살펴보고자 합니다.

# 한국 교회를
# 결박하고 있는 세력들

공적 영성의 결여가 한국 개신교 위기의 핵심이라면, 이 장에서는 공적 영성의 결여가 한국 교회 문화의 여러 가치와 관행들—기복주의, 가족주의, 개교회주의, 이성경시 경향, 단순논리주의 등—을 통해 어떻게 표현되어 나타나는가를 살펴보고자 합니다. 먼저 한국 개신교회가 초기의 왕성했던 공적 영성을 잃게 된 몇 가지 외적·내적 요인들을 간단히 살펴보겠습니다.

외적으로 한국 교회는 일제의 핍박과 전쟁의 아픔을 겪는 동안 신앙의 순수성을 지키기 위해 분투노력 하는 가운데 자신도 모르게 세상으로부터 스스로를 분리하는 정신적 습성을 키워왔고, 이것이 고착되어 점점 공적 영역에서의 선교적 사명에 대해 무관심하게 된 것입니다.[1] 한국 교회는 핍박시대에 체득된 사적·미시적 윤리의 패러다임을

---

1 달리 말하면, 일제강점시대를 거치면서 한국 개신교의 영성은 점차 초기의 공적 차원을 잃어버리고 친밀성 중심적인 특징을 지니게 되었습니다. 민경배 교수가 말한 것처럼, 과거의 한국 교회는 외연의 고통과 압제를 내연의 깊은 에너지로 승화시켰

기본 틀로 삼다 보니 공적·거시적 측면의 윤리를 외면해왔습니다. 그리고 이런 교회의 사적·미시적 세계관에 산업화와 경제개발 과정에서 체득된 부와 번영의 신학이 덧붙여졌습니다. 이 과정에서 복음의 본질이 변질되고 영성이 점점 더 병드는 현상을 가져왔습니다. 즉 공적 영성이 연약한 상태에서 경제발전으로 교회가 많은 자원과 부를 가지다 보니, 결국 안으로 부패할 수밖에 없게 된 것입니다.

일본과 달리 지식층이 아닌 사회의 서민층에 파고든 한국 교회는 자신도 모르게 서민들 속에 들어 있는 기복적이고 권위주의적인 한국의 전통 종교와 문화의 영향을 깊이 받아버렸습니다. 이런 영향들은 교리를 통해 들어오기보다는, 사람들의 심저에 흐르고 있는 종교성과 사회의 여러 관행을 통해 아무도 모르는 사이에 들어오는 것이기에, 처음에는 잘 드러나지 않습니다. 하지만 시간이 지나면, 점차 교회의 에토스와 영성의 DNA를 변화시키면서 안으로부터 교회를 변질시킵니다. 더욱이 성장 위주의 사역에 집중하다 보니, 이런 전통적 종교와 문화의 요소들이 더 쉽게 교회에 들어오게 되었습니다. 왜냐하면 교인 수를 늘리기 위해서, 당장 사람들의 호감과 반응(주로 세속적 축복과 기적)을 얻을 수 있는 설교와 프로그램을 제공하게 되고, 이 과정에서 사람들의 마음 근저에 있는 무교와 유교의 전통적 종교성과 무비판적으로 타협

---

습니다. 하나님을 향한 뜨거운 마음이 살아있었고, 6·25전쟁의 폐허와 가난에도 불구하고 교회는 이 하나님과의 친밀성이 주는 내적 경건성을 지키고 있었습니다. 하지만, 이 친밀성도 하나님과 세상을 겸하여 섬겨도 문제가 없다는 성장주의, 번영의 메시지가 개신교회를 휩쓸면서 점차 변질되기 시작했습니다. 오늘날 이 친밀성은 소수의 경건한 신앙인들을 통해 여기저기서 만날 수 있지만 공적 영성의 회복을 가져오지는 못하고 있습니다.

하게 되는 것입니다. 그렇게 많은 사회적 비판에도 불구하고 한국 개신교의 기복적·권위적 모습이 쉽게 극복되지 않는 것은 바로 개신교인들의 영성의 바탕을 형성하는 전통 정서와 문화의 영향 때문입니다. 따라서 한국 개신교의 영성을 바르게 이해하기 위해서는 공식적인 교리를 이해하는 것 못지않게 교회 내의 실생활과 사역의 실천(practices)에 깔린 가치의 전제와 가정 등을 깊이 분석하는 것이 중요합니다. 앞에서 말한 바와 같이 한국 개신교의 위기는 교리적 지식의 문제 못지않게 그 영성에 담긴 가치와 에토스와 연관되어 있기 때문입니다.[2]

## 공적 영성을 저해하는 요소들

### 1) 기복주의

한국 개신교가 공적 영성을 결여한 이유는 우선적으로 한국 전통 종교의 기복주의와 밀접한 관련이 있습니다. 기복주의란 종교의 우선 목적을 개인이나 가정에 복, 주로 건강과 물질과 자녀의 복을 가져오고 증진하는 데 두는 것을 말합니다. 하지만 기복주의는 종교 행위를 지나

---

[2] 정서(에토스)의 분석은 영성 분석에 중요한 역할을 합니다. 교리가 특정 종교의 진리의 공식적 표현이라면, 영성은 종교 생활의 실제 경험과 사실을 말해주는 것으로서 특정 문화와 정서 속에 담겨 있는 궁극적 가치에 깊이 영향을 받으며 형성됩니다. 즉 영성 분석은 신앙인들이 무엇을 가장 궁극적인 가치와 의미로 여기는가에 대한 질문으로서, 속사람의 관성 내지 방향성을 보여줍니다. 즉 영성은 현재 우리의 신앙의 현주소와 우리가 추구하는 가치중심이 어디에 있는가를 보여줍니다.

치게 현세에서의 출세와 성공, 물질적 축복과 직접적으로 연결시킴으로써 신앙을 오직 축복의 수단으로 전락시킵니다. 이런 구조 속에서는 신앙을 통한 세계와 삶의 궁극적인 목적과 의미, 보편적 가치 추구는 실종되고 맙니다. 물론 인간이 종교를 추구하는 데는 개인의 일반적인 노력으로는 얻지 못하는 복을 구하는 것과 전혀 무관하지 않습니다. 그러나 기복(祈福) 혹은 구복(求福)의 욕구가 종교의 본질(특히 그 기본 도덕적 계율과 가르침)을 무시하게 되고 자기 성찰과 비판의 과정을 거치지 못하면 현세적 물질주의로 변질되고 맙니다. 기복주의의 문제점은 인간의 구복적 행위가 기본적인 물질적 필요를 채우는 것을 뛰어넘어 세속적인 욕심을 채우는 이기적인 것으로 발전하는 것이며, 이때 종교는 그 욕심을 용납하는 것은 물론 그것을 정당화시켜주기까지 하는 것입니다.

기복주의의 근저에는 목적을 달성하기 위해 수단을 가리지 않는 공리주의가 자리하고 있습니다. 또한 기복주의는 신앙이 좋으면 물질의 복을 받는다는 단순한 인과론적 이해 속에서 성서가 말하는 축복의 윤리성과 그 내용을 무시해버리는 경우가 허다합니다. 또 세속적인 성공과 부의 크기를 신앙의 크기와 동일시함으로써 경제 활동의 과정이나 부의 축적 수단과 방법의 윤리적인 부분에 대해서는 침묵을 지키는 경우도 적지 않습니다. 즉 비윤리적 방법을 사용하더라도 결과만 좋으면 그것이 하나님의 축복인 것처럼 간주하는 경향을 가져왔습니다. 그 결과 우리도 모르는 사이에 맘몬주의가 교회 안에 침투하는 길을 열어준 것입니다.

기복주의는 또한 종교의 성례적인 속성과 깊이 관련되어 있습니다. 신학자 폴 틸리히에 의하면 모든 종교는 그 속에 성례적(sacramental)·도덕적(또는 예언자적, prophetic)·신비적(mystical)인 세 속성을 가지고 있다고 합니다.[3] 종교의 신비적 속성이 자아 초월 또는 몰아를 통하여 만물과 자아가 하나가 되는 신비적 경험을 가능케 해주는 것이라면, 성례적인 속성은 특정 종교 안에서 상징 역할을 하는 여러 물체나 도구(성전, 예배기구), 또는 특정시간(기독교와 유대교의 안식일, 이슬람의 라마단)을 통해 보이지 않는 영적 세계와의 접촉 또는 만남을 가능하게 해주는 것입니다. 반면 도덕적(예언자적) 측면은 보편적인 계명과 율법, 도덕률 등의 강조를 통해 인간이 기본적으로 지켜야 할 도리를 말해줍니다. 일반적으로 볼 때 신비성이 개인의 은밀한 종교적 경험과 주로 관계된다면, 성례적 속성은 종교기관의 집단 예식과 예배와 절기에 주로 나타납니다. 반면 도덕적 속성은 종교인들의 사회적 삶 및 실천과 연관을 맺고 있습니다. 그런데 신비성이 도덕적인 부분과 연결되지 않을 때 신앙은 내세적이 되기 쉽고, 성례적인 부분이 도덕적 요소를 배제하면서 자기비판과 성찰 속에 서지 않으면 우상숭배로 변질되는 속성이 있습니다. 반면 도덕적인 속성이 신비성과 성례성으로부터 분리되면 율법적이 되기 쉽고, 성례성에서 신비성이 결여되면 종교 생활이 하나의 관습적·전통적인 것으로 의례화되는 경향을 보입니다. 한국 교회의 종교적·실천적 내용(practices)을 살펴보면, 성례적 성격이 여러 모양으로 암묵적으로 강조되고 있는 것을 볼 수 있습니다.[4] 이것

---

3 Paul Tillich, *Christianity and the Encounter of the World Religions* (New York: Columbia University Press, 1963).

4 필자가 볼 때 주술적·예전적 속성은 한국 개신교의 신앙 실천에서 큰 비중을 차지하

은 한국 개신교가 오랫동안 예언자적이며 도덕적인 부분을 방기한 결과입니다.[5] 특히 많은 사람들이 지적하듯이, 전통 종교인 무교의 영향 하에 아직도 많은 곳에서는 평신도들이 기독교의 신앙행위를 주술적으로 실행하는 경우들이 허다합니다.

역사적으로 볼 때 한국 개신교 내의 기복주의는 (1) 한국의 전통적인 무교의 숨은 영향, (2) 미국 교회에서 들어온 소위 "적극적이고 긍정적인 사고방식", (3) 교회 성장주의, 번영의 복음(Prosperity Gospel)의 영향이 한 짝을 이루어(elective affinities) 강단의 중심에 자리 잡게 되었습니다. 또 이런 기복주의적인 경향은 한국 전쟁 이후 자본주의의 본격적인 도입과 군사 독재하에서 경제 개발과 새마을 운동을 통하여 그 시대적 정당성을 얻게 된 것도 사실입니다. 특히 이런 경향은 3박자 축복을 강조한 조용기 목사의 리더십과 세계에서 가장 규모가 큰 교회로 급격히 성장한 여의도순복음교회의 영향을 통해 한국 개신교 전반에 널리 퍼져 나갔습니다.

물론 한국 교회의 성장에 기복주의가 한때 긍정적인 역할을 한 것까지 싸잡아 부인할 필요는 없습니다. 수천 년 동안 가난 속에서 고통받으며 살아온 우리 민족에게 한국 교회가 가난한 자들의 생존의 욕구에 응답하여 이 땅에서 한 인간으로서의 존엄성을 확보하게 하시는 하나님의 은혜와 역사를 설교하는 것은 어느 정도 필요한 일이었는지 모

---

는 새벽기도, 성전주의, 목회자의 권위 등에서 나타납니다.
5 개신교는 프로테스탄트(Protestant)라는 말의 의미처럼, 이런 주술적이고 예전적인 경향이 강했던 가톨릭에 대항(protest)해서 예언자적이고 도덕적 부분을 강화하여 말씀의 진리성과 본질로 돌아가고자 한 신앙 운동이었습니다.

릅니다. 예수님도 병든 자들을 고치시고 고통받는 사람들의 문제를 해결해주셨습니다. 하지만 성서의 중심은 기복에 궁극적 초점을 맞추고 있지 않습니다. 기복주의의 문제점은 개인의 물질적이고 가시적인 축복을 절대시하는 반면 하나님을 수단화하는 것입니다. 즉 하나님이 성도의 삶과 가치의 중심(center)에 서 계시는 것이 아니라 개인의 복을 가져다주는 도구로 전락하는 게 결정적인 문제입니다. 기복주의에 머무는 종교는 유아적이고 이기적인 욕망을 종교적으로 표현하는 물신주의적 종교가 되기 쉽습니다. 그 근본 가치의 바탕에는 세속적인 이기주의와 다를 바가 없는 물질적인 가치가 팽배해 있기 때문입니다.

오늘날 기복주의는 전 세계적으로 무섭게 확산되고 있는 신자유주의적 자본주의에 동승하여 물질숭배(맘몬이즘)의 모습으로 교회 곳곳에 깊숙이 들어와 있습니다. 심지어 상당수 교회들이 현재 많은 영향을 받고 있는 미국의 메가처치들의 여러 방법론도 이런 자본주의적 경영철학의 영향하에 있기 때문에 이에 대한 심도 있는 신학적 점검과 주의를 기울이지 않으면 우리 전통적 무속 종교와 결합되어 새로운 기복(祈福)상품으로 끝날 위험이 다분합니다.

## 2) 가족주의: 정과 연의 문화

한국 개신교의 공적 영성의 결여는 한국인 특유의 가족주의에 많은 영향을 받고 있습니다. 가족주의는 끈끈한 혈연적 애정의 바탕에서 가족을 위해서라면 모든 것을 희생하는 헌신적 태도인 동시에 가족 외의 타인들에 대해서는 무관심하거나 경쟁적 혹은 배타적인 태도를 취하는 것을 말합니다. 따라서 가족주의는 가족을 중시하나 궁극적으로는 가족을 하나님의 나라 아래 둘 것을 요구하는 성서의 영성과는 상당히 거리가 멉니다. 이것은 유교 문화 전통에서 생겨난 것으로서 한국 사회에서 확대된 가족주의(또는 유사 가족주의) 양상을 띠면서 학연, 혈연, 지연의 고리를 통해 사회 내에 거대하게 똬리를 틀고 있습니다.

가족주의와 도저히 뗄 수 없는 것이 한국의 정(情)문화입니다.[6] "정"(情)은 한국인의 정서를 가장 대표해주는 개념으로, 한국인들의 문화는 정에 대한 이해 없이는 이해하기 힘들 지경입니다. 정은 가족과 동창, 친구와 향우회 등 그 공유자들 사이에서는 "우리"라는 공동의식을 통한 친화력과 결속력을 가져오지만, 밖으로는 공공성의 배양과 발전을 저해하는 경향을 보일 수 있습니다.

정이 개인과 개인 사이에서나 소규모의 집단에서 일어나는 것이라면, 이 정이 사회적으로 조직화된 것이 지연, 학연, 혈연과 같은 연고주의입니다. 혈연은 같은 조상을 가진 사람들끼리의 결속과 일치를 중요시하며, 학연은 동문 간의 관계를 중심으로 이루어진 인연으로 사적인 친목 수준을 뛰어넘어 동문 상호 간의 이익을 위해 서로 밀어주고 끌어

---

6 강준만 교수는 정(情)문화는 바람과 신명의 문화와 통한다고 말하고 있습니다. 정이 어떤 강력한 이슈와 문제를 만나게 되면 집단 구성원 전부가 순식간에 움직이며 행동하는 바람으로 변한다는 것입니다. 즉 정은 정서적이고 감성적인 고리이기 때문에 집단적인 자존심과 이익이 손상되거나 또는 자부심의 향상을 가져올 경우(예, 2002년 월드컵 축구) 합리적·이성적인 판단을 넘어 집단적인 에너지로 승화합니다. 물론 이런 신명문화는 우리에게 카타르시스의 순간과 일체감과 동질성을 확인시켜주고, 짧은 시간 내에 많은 에너지와 자원을 동시에 동원함으로써 위기의 순간 큰 힘을 발휘하는 효과를 가져올 수 있으나 길게 보면 공공성과 합리성의 발전을 저해하고 창조적이고 미래지향적인 사고의 형성을 방해할 수도 있습니다.

주는 데 활용됩니다. 지연은 같은 출신지역을 중심으로 맺어진 관계로 과거에는 떠나온 고향에 대한 향수에 국한되었었으나 이제는 지방색의 정치화를 통해 출생시도의 범위로 확산되었습니다.

한국 사회가 얼마나 정(情)과 연(聯)에 얽힌 사회인가는 최근의 설문조사에서 국민 70% 이상이 연고 온정주의가 정책 결정에 영향을 미친다고 답하는 것에서 분명히 알 수 있습니다(2007년 국가청렴위원회 설문 조사). 주지하듯이 연고 온정주의는 구조화된 부패 문화와 집단 이기주의를 창출해내고 집단 간의 깊은 갈등의 온상이 됩니다. 이것은 연고 온정주의가 기본적으로 집단 내부의 구성에게는 거의 무조건적으로 포용적이지만 밖으로는 경쟁적·배타적 양상을 지니기 때문입니다.

실제로 우리는 최근 수십 년간 한국 사회에서 혈연과 지연, 학연주의가 사회 안에서의 공정한 경쟁을 방해하고 특정 개인과 집단의 이익을 위해 정보의 생산과 수집을 독점하며 힘과 자원을 편파적으로 배분하는 데 악용되는 것을 자주 목도했습니다. 한국인들이 특정 명문대학에 들어가기 위해 무한 경쟁을 벌이는 이유도 따지고 보면 이런 대학들이 사회생활에 매우 효과적인 연을 보장해주기 때문입니다. 또한 연고주의는 청탁과 피청탁자를 잇는 고리로써 부패의 구조적인 원인이며, 사회 내의 소명의식 또는 전문적인 직업윤리 발전의 저해를 가져옵니다. 그리고 조직 내의 의사결정 과정과 인사의 불투명성을 가져오고 법적 통제장치를 무력화시킵니다. 이렇게 연고주의는 정부 기관들의 투명성을 가로막는 가장 큰 장애물 중 하나이며 우리 사회의 사회통합에 방해물이 되고 있습니다.

한편 이런 정과 연이 한국 교회 내부에도 깊이 침투해 있다는 것은 누구라도 공감할 수 있습니다. 혈연과 지연, 학연의 고리들이 노회와 총회의 여러 의사결정 과정에 큰 영향력을 행사하고 있는 것이 사실입니다. 또 어떤 교회들의 경우 교회가 지인들과 가족들을 중심으로 운영됨으로써 하나의 유사 가족주의의 형태를 벗어나지 못하고 있는 경우도 많습니다.

물론 가족과 친구 사이의 정이 마냥 잘못된 것은 아닙니다. 가족은 하나님이 창조하신 가장 첫 번째 공동체입니다. 가정은 인간 사이의 사랑의 가장 기본적인 사회적 단위와 내용입니다. 하지만 가족 간의 사랑과 정이 자기 가족 외의 다른 사람들의 정당한 권리와 위치를 침해하고 박탈하는 이기주의로 전락하여서는 안 됩니다. 그리스도인은 자기 가족을 사랑하되 가족주의에 빠져서는 안 됩니다. 예수님이 말씀하셨던 "누구든지 하늘에 계신 내 아버지의 뜻대로 하는 자가 내 형제요 자매요 어머니이니라 하시더라"(마 12:50)라는 말씀의 의미를 깊이 기억해야 할 것입니다.

한국 사회가 혈연과 지연, 학연 등의 형태로 아직도 온존하고 있는 전근대성을 해결하지 않고서는 오늘의 사회가 요구하는 합리적이고 공정한 경쟁과 협력의 소명을 충족시키기가 힘들 것입니다. 한국 교회는 스스로 정실과 지역주의 등을 뛰어넘고, 지연, 학연, 혈연적 관계를 넘어 여러 배경의 다른 사람들이 그리스도 안에서 하나의 아름다운 공동체를 이룰 수 있음을 보여주는 참된 교회관을 실천해야 할 시점에 와 있습니다.

## 3) 개교회주의

한국 개신교 안에서의 가족주의는 개교회주의로 변형되어 나타납니다. 개교회주의란 개교회가 스스로의 생존과 발전을 궁극적인 목적으로 삼는 사고방식을 말합니다. 곧 가족주의의 자기 집단성이 개교회에도 반영되어 개교회를 가치의 중심으로 삼게 되는 것입니다. 물론 어느 교회도 대놓고 자신들이 개교회주의에 빠져 있다고 말하는 교회는 하나도 없을 것입니다. 하지만 한국 교회의 정서와 문화를 깊이 들여다보면 이런 징후가 농후한 것을 부인할 수 없습니다. 감독 제도를 채택하고 있는 감리교회를 제외하고는 대부분의 한국 교회는 개교회 중심으로 운영되고 있습니다.

한국 개신교는 교회의 근본적인 사명과 임무보다는 개교회 자체의 외형적 성장에만 초점을 맞추고 있는 경우가 많습니다. 물론 교회가 기관으로 생존하고 활동하기 위해서는 최소한의 인력과 물자와 조직이 필요합니다. 하지만 이런 것이 어느 정도 달성된 뒤에도 계속해서 교회의 목적이 인적·물적 성장에만 머물러 있다면 이는 종교를 빙자한 비즈니스이지 복음의 영적 본질을 추구하는 것은 아닙니다.

동시에 개교회주의는 개교회가 교인들의 신앙생활과 가치관의 중심을 차지하고 성도들의 신앙의 에너지와 열정을 개교회 안으로 축소, 제한해버릴 위험을 다분히 내포하고 있습니다. 따라서 개교회주의 안에서는 하나님 나라가 개교회로 축소되어버리고, 하나님 나라의 확장은 개교회의 확장과 동일시되며, "선한 싸움"은 단기 선교로, 십자가는 개인의 연단과 교회 직분에 충성하는 과정에서 감당해야 할 고통 정도로 축소되기 십상입니다. 그렇게 되면 하나님의 통치는 실제로는 개인이나 가정과 개교회의 영역으로 제한되게 됩니다. 이런 개교회주의 신앙은 사도신경에서 천명하는 창조주 하나님에 대한 신앙("전능하사 천지를 만드신 하나님 아버지")에서 일탈하게 되는 것입니다.

또한 개교회주의는 성도들의 신앙적인 에너지와 은사와 능력의 배분을 왜곡시키고 그 결과 성도 개개인이 성숙한 그리스도인이자 시민으로 성장하는 것을 저해합니다. 개교회주의에 빠진 교회들은 예배의 신비에서 얻은 영적인 힘과 종교적 경험들을 삶의 다양한 현장과 연결시켜주지 않고(즉 사회변화의 동력으로 사용하지 못하고), 그 체험의 에너지들을 교회의 또 다른 성장을 위한 계기로 사용하기에 급급합니다. 이런 상황에서 교인들은 단지 목회자의 욕망을 실현시키는 사병이 되어 버리고, 장로들도 교회의 성장 논리가 자신들의 교회 내 영향력과 헤게모니의 확장에 유리하다고 판단해서 이 논리에 동조하거나 오히려 부추기는 경우가 많습니다. 이렇게 교인들 삶의 대부분이 오로지 예배당 중심의 종교 생활에 제한되어 있는 동안 사회의 여러 분야에서 신앙의 경건성과 전문성을 가지고 빛과 소금이 될 평신도 일꾼들은 점점 고갈되고 있으며, 그 결과 우리 사회의 공적 영역은 다른 세력들의 지배하에 놓일 수밖에 없습니다.

나아가 한국 개신교의 개교회주의는 개교단주의로 연결됩니다. 개교단주의의 대표적인 폐해 하나가 무분별하고 무책임한 신학생 공급 현상입니다. 무조건 많은 신학생을 배출하고, 그 신학생들이 교회를 개척하면 교회 수가 늘 것이고 그러면 자동으로 교단이 성장하리라고 보는 "무지"에 가까운 사고방식들이 오늘날 한국 개신교를 저질화시킨 원인 중 하나라는 것을 직시해야 합니다. 개교회주의 혹은 그것의 확장된 형태인 개교단주의적 상황에 놓여 있는 현재의 한국 개신교는 마치 봉건 영주들의 각축장 같은 느낌을 갖게 만듭니다. 곧 한국 교회 전체의 유익을 위해 미래지향적인 비전을 제시하는 한편 사회가 안고 있는 여러 문제에 대해 영적·도덕적인 방향성을 보여주기 위한 고민보다는, 같은 이해관계에 묶여 있는 사람들끼리의 치열한 이합집산을 통해 경쟁과 분열을 일삼고 있기 때문입니다. 일례로 한국에는 (공식적으로) 96개의 개신교 교단이 있는데 그중에 59개의 교단이 장로교단이라고 합니다. 이런 통계는 한국 교회가 그동안 얼마나 심각한 분열을 반복해 왔는지를 단적으로 보여줍니다. 그리고 이런 분열성은 얼마나 한국 교회가 공적이기보다는 사적 이해관계에 따라 움직여왔는가를 보여줍니다. 실제로 교회사 학자들에 의하면 한국 개신교의 교단 분파성은 신학과 교리의 차이라기보다는 오히려 교권과 집단 이기심과 명예욕의 대결 결과라고 합니다. 이런 개교단주의적 성향으로 인해 심지어 같은 전통에 서 있는 교단끼리도 서로 협력은커녕 합동예배마저 힘든 상황들이 비일비재합니다. 일반 사람들이 볼 때는 그리스도인들이 자기들끼리도 서로 화합하지 못하고 반목과 대결을 일삼는 사람들이라는 부정적인 인식을 할 수밖에 없는 것입니다.

## 4) 성장논리와 우상숭배

기복주의에 바탕을 둔 개교회주의의 지상 최대의 목표는 "교회 성장"입니다. 물론 여기서 말하는 성장은 성도들의 영적 성장이라기보다는 성도 수와 헌금의 증가를 말합니다. 그리고 성장이 축복의 기준이기에 성장하지 못하면 목사와 교회에 모종의 문제가 있다고 여기는 경향이 강합니다. 또 이 성장논리의 이면에는 힘의 논리가 감추어져 있습니다. 교회가 성장해야 힘이 생기고, 힘이 있어야 일을 할 수 있다는 식입니다. 그래서 교회는 이를 위해 모든 에너지를 집중하게 됩니다.

성장논리에 매몰된 교회들은 세상 기업의 경영논리들을 신학적인 점검 없이 앞다투어 받아들입니다. 하지만 교회가 아무리 현대 기업으로부터 경영학적 방법론과 리더십 모델을 받아들인다 하더라도 교회는 기업과는 분명 달라야 합니다. 첫째, 교회의 리더십은 단순한 파워의 문제가 아닙니다. 거기에는 공적이며 도덕적인 권위가 따라야 합니다. 하지만 목회자들이 세상의 경영철학과 기법에만 집착하게 되면 그들은 사회의 제반 이슈들에 대해 방향제시를 어떻게 해야 하는가 하는 신학적 성찰을 상실하고 자신도 모르는 사이에 개교회 안에만 안주하게 됩니다. 둘째, 기업은 성장을 위해 존재할지 모르나 교회는 성장만을 위해 존재하지 않습니다. 교회는 하나님의 뜻과 그분의 나라를 위해 존재합니다. 때로 하나님의 뜻을 실천하기 위해서는 외형적 성장을 포기하거나 한 걸음 더 나아가 출혈과 피해를 감수해야 할 때도 적잖습니다.

기업이 성장논리를 펴는 것은 당연하지만 그러나 오늘날에는 기업도 장기적 성장을 위해 사회 환원이라는 것을 생각하지 않습니까? 이윤을 추구하는 기업이라 할지라도 사회에 대한 환원과 나눔을 생각하지 않으면 기업 이미지에 타격을 받을 수밖에 없는 분위기인데, 교회가 이런 논리를 스스로 뛰어넘지 않으면 무엇으로 그 도덕적·영적 권위와 리더십을 회복하고 사회에 예언자적인 목소리를 낼 수 있겠습니까? 교회의 사회에 대한 봉사와 환원은 단지 개인적인 구제나 사회 복지 사업의 차원을 넘어 교회가 스스로 모범을 보이며 동시에 사람들에게 의와 평화와 생명의 길을 가르치는 사명의 문제입니다. 교회가 스스로는 성장과 힘과 지배라는 세상의 논리를 따르면서 밖으로 단순히 일회성이나 이벤트성으로 하는 구제나 사회봉사로는 사람들에게 진정한 감동을 줄 수 없습니다.

성장과 지배와 힘의 논리는 사회적 다윈주의(Social Darwinism)의 논리이며 약육강식과 적자생존의 논리와 다를 바 없습니다. 여기에는 윤리성과 도덕성이 부재하거나 혹시 있더라도 전시용인 경우가 허다합니다. 따라서 양적 성장과 힘의 논리에 사로잡혀 있는 교회는 아무리 여러 종교적 틀과 종교 언어로 치장한다고 해도 본질적으로는 하나님을 떠난 교회입니다. 물론 하나님은 당신의 백성들을 위해 개교회의 불의함에도 불구하고 은혜와 자비를 베푸십니다. 하지만 이런 하나님의 자비를 만홀히 여겨서는 안 됩니다.

이스라엘 백성들이 선택받았다는 존재론적 우월의식에 빠져 하나님을 전유한 듯 착각한 나머지 시대적·역사적·사회적 책임을 도외시하고 종교 의식과 주술적 사역에만 열중하며 세상의 시류와 가치에 포섭되었을 때 하나님은 과감히 이스라엘을 징계하셨습니다. 기독교 2천 년 역사 속에서 가톨릭과 러시아 정교회같이 교회가 세상의 빛과 소금이라는 열방의 제사장적 사명을 망각하고 집단 이기주의에 빠져 있을 때 그들이 역사를 통해 심판하시는 하나님의 채찍을 피할 수 없었던 것을 거울삼아, 한국 교회는 자칫 교회성장이라는 이름으로 미화된 개교회 이기주의와 이로 말미암은 숱한 오류와 부작용에 대해서 철저한 자기성찰을 해야만 합니다. "자기 목숨을 얻는 자는 잃을 것이요 나를 위하여 자기 목숨을 잃는 자는 얻으리라"(마 10:39)는 예수님의 말씀처럼, 개인이나 조직이 이기주의에 빠져 하나님 나라의 선을 추구하는 높고 영원한 목적 없이는 역사 속에서 타락할 수밖에 없는 것입니다. 거룩한 목적이 우리를 거룩하게 만듭니다. 아무리 천 가지 만 가지의 규범과 법령들을 만든다 할지라도 이런 거룩한 목적을 향해 우리들의 삶의 열정과 에너지가 사용되지 못할 때 인간은 자기 절제와 거룩함을 이룰 수 없는 것입니다.

건강한 교회는 시간이 걸릴지 몰라도 궁극적으로는 성장합니다. 그러나 교회의 자연적 성장과 생존에 필요한 것 이상의 더 많은 부의 축적과 자기보호를 위한 성장은 구별되어야 합니다. 교회가 성장 이데올로기에 매몰되어 자신이 진정 감당해야 할 사역의 본질을 잊어버려서는 안 됩니다.

## 5) 이분법적인 사고: 교회와 사회의 분리

기복주의와 가족주의 외에도, 한국 개신교의 공적 영성의 결여와 윤리적 미성숙은 한국 교회의 독특한 역사적 경험에서 비롯된 이분법적인 사고와 밀접한 관련이 있습니다. 이분법적 사고란 교회와 세상, 현세와 내세, 신앙의 영역과 비신앙의 영역을 날카롭게 구분하는 것입니다. 한국 교회의 이분법적 사고방식을 강화시킨 결정적 사건은 일제강점의 경험이었습니다. 일제강점 기간에 겪은 수난과 핍박의 경험들은 교회로 하여금 비역사적·내세주의적 신앙관을 가속화시키는 동인이 되었습니다. 즉 고난과 슬픔이 가득한 이 세상은 성도의 진정한 거처가 될 수 없고 성도의 유일한 희망은 어서 빨리 저 천국에 가는 것이 된 것입니다. 한편으로는 이런 성속이원론, 종말지향적 세계관으로 인해 개인경건주의, 개교회주의의 신앙 양태들이 강화, 확산되기도 하였습니다. 앞에서 말한 바와 같이, 이런 영향으로 아직도 상당수의 교회에서 교인들이 자기 교회를 하나님 나라와 동일시하고 있고, 오직 교회만이 성도들의 전 우주적 활동 무대가 된 경우가 비일비재합니다.

오늘날 한국 교회가 시민사회와 소통하는 것에 어려움을 겪는 큰 이유는 이런 이분법적 사고와 깊은 관련이 있습니다. 이분법적 사고는 그리스도인으로 하여금 지난 한 세기 동안 교회 안의 세계에만 길들게 하였습니다. 그 결과 급격히 변해가는 교회 밖의 세계와 어떻게 관계를 맺어야 할지를 잘 모르는 것입니다.

교회와 세상, 현실과 초월을 날카롭게 구분하는 이분법적 사고는 한국 개신교의 사회성을 퇴화시키고 그 활동을 지극히 국부적인, 즉 교회 내부적인 것에 제한시켜 버렸습니다. 한국 개신교는 교회는 선(하나님의 나라)이고 세상은 악(사단의 왕국)이라는 단선적인 사고 안에 갇혀 교회와 사회의 관계를 적대적으로 이해함으로써 한국 사회 안에서 자신을 어떻게 표현하고 활동해야 할지, 시민사회에 어떻게 관계하고 협력해야 할지를 모르는 경우가 허다합니다.

물론 세상을 경계하고 적대시하는 이분법적 사고는 개교회 내부의 단결과 유대를 강화시키고 교인들의 신앙 정체성을 교회와 연결시키는 데는 성공했습니다. 그러나 이런 방법이 교회가 소수의 핍박받는 종교일 때에는 효과적이지만, 이제 교회가 막대한 인적·물적 자원을 가지고 그 구성원들이 사회의 여러 기관과 계층에서 지도적 역할을 감당하고 있으며 따라서 높은 수준의 사회적 책임이 교회에 요구되는 시대에는 적합하지 못합니다.

더 안타까운 것은 많은 목회자들마저 시민사회와 같은 공적 영역에서 어떻게 말하고 행동할 줄을 모르는 것입니다. 한국 목회자들 대부분이 새벽기도와 심방 등의 바쁜 일정이나 위에서 말한 여러 기복적이고 이분법적이며 개인주의적이고 개교회주의적인 문화와 영성적 정향(교회의 양적 성장에 대한 압박 등)의 원인으로 외부(지식인, 문화인, 타 종교인 등)와의 접촉이 아예 없거나 있어도 아주 미미한 수준입니다. 때문에 자신의 종교를 상대방의 입장에서 성찰해보거나 또는 자신의 신앙적 입장을 설득력 있게 대변할 줄 모르고, 그동안 교회 안에서만 담금질 된 자신만의 익숙한 논리를 날 것 그대로 남에게 강요하거나 요구하는 경우가 많습니다. 즉 많은 경우 자신들의 세계관과 가치와 신조와 믿음을 공공성과 대중성을 가지고 표현할 줄 모르는 소통 장애에 빠져 있습니다. 이성적 언어와 보편적인 사회적 용어로 복음의 진리와 자신들의 주장을 전달할 줄 모르고 자신들의 경험만을 생경하게 주장할 때 사회의 지식층과 일반대중의 상식과 상당한 괴리가 나타날 수밖에 없습니다.

또한 한국 교회는 교회와 사회의 날카로운 분리라는 이분법적인 사고에 갇혀 교회의 활동을 개인의 영혼 구원과 해외선교에 제한시킨 결과 자신도 모르는 사이에 한국 사회와 역사의 급변하는 흐름으로부터 동떨어진 하나의 고립된 우리만의 하위문화(subculture)[7]를 이루고 말았습니다.

이분법적 사고방식, 곧 성도들과 비신자들 사이에는 어떤 공통점도 존재하지 않으며, 교회 밖의 모든 것은 죄로 오염되어 위험하거나 사탄의 지배하에 있다는 사고와 가르침은 교회와 성도들로 하여금 시민사회 안에서 지도적 역할을 하도록 도울 수 없음은 물론 사회제도와 기관, 공공정책 등의 영역에 대한 선교사역을 간과해버리도록 만듭니다. 교회가 성도들이 참여하고 있는 삶의 현장에서 요청되는 윤리적 방향성을 제시해주지 못하고 오로지 개인적인 축복만을 강조하면 자연히 교인들은 시민사회의 다양한 기관에서 어떤 식으로 행동해야 하는가를 잊어버리고 맙니다. 이분법적 사고 안에서 교육받은 성도들은 세상에서 자신들의 올바른 역할과 위치를 설정하지 못하고 소극적이고 피동적인 삶을 살 수밖에 없습니다. 즉 사회생활을 하는 이유가 세상 사람들을 전도하거나, 또는 교회선교에 필요한 물질을 얻는 피상적인 종교적 목적 이상의 의미를 갖지 못하게 만든 것입니다. 이런 분위기 속에서 성도들은 사회와 교회 사이에서 이중적인 삶을 살든지, 아니면 자신도 모르는 사이에 사회에 대해 적대적이거나 수동적인 태도를 취하게 됩니다.

나아가 신앙과 세상을 날카롭게 분리하는 이분법적 사고는 매우 중대한 신학적 문제를 안고 있습니다. 이는 하나님의 창조의 선함을 부인하고 우주와 사회 속에서의 하나님의 주권을 부인하는 것이기 때문입니다. 물론 타락한 세상에는 여러 가지 악한 요소들이 있는 것이 분

---

7 하위문화란 주류문화와 구별되는 소수집단의 독특한 정서와 전통과 삶의 방식을 일컫는 말입니다.

명하지만, 그럼에도 불구하고 우리는 하나님이 이 세상을 선하게 창조하시고 또한 지금도 사랑하신다는 사실을 잊어서는 안 됩니다. 성서는 "하나님이 세상을 이처럼 사랑하사 독생자를 주셨으니"(요 3:16)라고 말합니다. 또한 하나님의 구원의 범위와 대상은 우리의 영혼만이 아닌 온 창조세계의 회복과 변혁임을 기억해야 합니다(롬 8:21 참조). 그런 이유로 우리는 몸의 부활을 고백합니다. 우리는 창조의 본래적인 선함을 인정하는 동시에 그 속의 죄와 타락의 가능성들을 경계하되, 성도들을 바른 제자도로 훈련시켜 하나님의 창조의 주권을 사회의 각 기관에서 회복하도록 도와야 합니다. 이렇게 창조론과 구원론이 통전적으로 연결되지 못하면, 성도들은 교회에 갇혀버린 존재들이 되거나 혹 사회와 교회의 이중적 윤리의 구조 안에서 분열된 존재로 살아가게 됩니다. 거듭 강조하거니와 우리가 가져야 할 바른 태도는 세상의 타락성과 악을 경계하고 조심하되, 우리의 사명은 세상으로부터 도피하거나 분리되는 것이 아니라 오히려 세상을 하나님의 창조의 계획과 뜻대로 거룩하고 온전하게 변화시키는 것입니다. 이런 적극적인 신학적 판단과 사고가 한국 개신교에 필요합니다.

지금까지의 논의를 간단히 요약하자면 한국 교회가 한국 사회의 신뢰를 잃게 된 큰 요인 중 하나는 기복주의와 개교회주의와 이분법적 사고가 결합하여 나타나는 개교회 이기주의입니다. 기복주의가 교회를 물질적 가치중심으로 이끌고, 개교회주의가 성도들의 신앙적인 에너지를 교회 안으로만 모으고 있다면, 이분법적인 사고는 성도들로 하여금 세상을 적대시 또는 배타시하도록 만듦으로써 결국 성도들이 정치, 경제, 문화 등의 사회 제영역과 여러 제도와 기관에 적극적으로 참여하여 빛과 소금으로서의 역할을 감당하지 못하도록 만드는 결과를 가져옵니다.

이런 기복주의와 개교회주의 그리고 이분법적 사고가 세상 사람들의 눈에는 그리스도인들이 아주 이기적이고 위선적인 존재들로 비치게 만들었습니다. 왜냐하면 기복주의를 통해 세상적인 복을 추구하는 것과 이분법적 사고를 통해 교회와 사회를 구별 짓는 것은 논리적으로 모순되기 때문입니다. 그리스도인이 진짜로 세상과 구별되려면 그 추구하는 축복도 비세상적인(즉 초월적인) 것이라야 할 것입니다. 그런데 이런 모순에도 불구하고 기복주의와 이분법적 사고를 병행하는 이면에는 바로 교회 이기주의가 숨어 있기 때문입니다. 즉 기복적 신앙관을 통해 물질적 축복을 추구하고, 이분법적 사고를 통해 성도들의 삶의 중심을 교회로만 모이게 하는 목적은 바로 개교회의 성장과 힘을 축적하자는 데 있는 것입니다.

## 6) 이성 경시 현상

한국 개신교의 공적 영성의 빈곤과 결여는 성도들의 사고방식과 삶에서 이성(理性)을 경시하는 것으로 나타납니다. 일반적으로 한국 교회는 이성의 역할을 터부시하고 경계하는 경향이 강합니다. 물론 서구에서 계몽주의 이후 나타난 이성의 절대화 경향이 과학과 기술의 발전과 맞물려 성서의 여러 주장과 갈등과 충돌을 일으켜 때론 성서에 있는 기적을 부인하고 교리의 순수성에 도전한 것이 사실입니다. 특히 진화론의 경우 기독교에 상당한 위협이 된 것을 부인할 수 없습니다. 이런 역사적인 경험으로 인해 이성 자체를 경원시하는 현상들이 나타날 수 있습니다. 하지만 계몽주의가 이성을 실증적(positivistic) 방식으로 이해했던 이성 근본주의(rationalistic fundamentalism)는 이제 자연과학의 세계 안에서도 많은 비판을 받고 있습니다.[8] 이제 이성을 자연 과학적이며 실증적인 것으로만 보는 좁은 의미의 이성의 시대는 끝났다고 보아야 합니다. 그렇지만 사고와 판단에 있어서의 상대적 우위, 선과 악, 옳음과 그름, 아름다움과 추함을 구별하는 비판적·실용적(pragmatic) 의미의 이성의 중요성은 여전히 많은 학자들에 의해 강조되고 있습니다.

사실 한국 교회의 이성 경시 현상은 전통적인 종교성과 연관되어 있습니다. 무속종교의 주술성과 도교의 신비주의, 유교의 권위주의는 사물을 관찰하고 분석하여 그 답을 얻는 과학적 방법이나 민주적 대화와 담론을 통해 의사결정 과정에 이르는 방법과는 상당히 거리가 먼 전통들입니다. 앞서 말한 바와 같이 수천 년간에 걸쳐 축적되고 전래된 한국 문화 안에서 살아가는 사람들이 모인 한국 교회도 자신도 모르게 이런 문화적 영향 아래 있습니다. 한국 교회 안에서 신앙의 초월성은 종종 비상식이나 몰이성과 혼동되고 오해되어 성도들로 하여금 삶에 대한 건전한 판단과 분별력을 길러주는 기회를 빼앗아버렸습니다. 곧 감성과 직관과 직통 계시만을 중시하고 이성의 바른 사용을 통한 냉철한 신학적 판단은 경시하니, 허상과 실상, 참과 거짓을 구분하는 능력이 미약할 수밖에 없습니다. 성화된 이성의 점검과 인도를 받지 못하는

---

8 예를 들면, 우주의 시작, 빛의 성질, 물질을 구성하는 미세한 입자 등 눈에 보이지 않는 자연계의 물질현상을 이해하는 데 있어서 실증적 방법론은 이제 타당성을 잃었습니다.

신앙은 육욕적 감성과 욕심과 어울려 그릇된 것을 정당화하는 수단으로 사용되기도 합니다.

한국 교회의 이성 경시 경향은 몇 가지로 나타납니다. 첫째, 그것은 신학과 신학적 성찰을 경시하는 태도로 나타났습니다. 솔직히 많은 목회자들이 졸업과 동시에 신학교에서 배운 것은 쓰레기통에 집어넣든지 아니면 문 앞에 내려놓고, 진짜 목회 방법론은 교회의 실무 경험에서 배워야 한다고 생각을 하고 있지 않습니까? 그리고 신학을 많이 배우면 목회(더 정확히 말하면 교회 성장)에 전혀 도움이 되지 않는다는 그릇된 생각이 한국 교회 목회의 저질화를 가져오지 않았을까요? 한편으로 여기에는 납득하기 어려운 역설도 존재합니다. 곧 신학공부를 많이 한 사람들을 위험하게 바라보면서도 자신들은 외국의 목회학 박사라도 취득해야 체면이 선다는 이중적 행동 말입니다.

둘째, 한국 교회의 이성 경시는 신학도와 목회자의 무책임한 양산과 그들의 교육과정에서 여실히 드러납니다. 한국에서 운영되는 개신교 320여 개 신학교 중 단지 40여 개만이 교육인적자원부의 정식 인가를 받은 학교입니다. 이것은 개신교 목회자의 질이 한국 사회의 평균 학력에도 못 미친다는 사실을 의미합니다. 특히 교회 지도자가 되기 위해 신학교를 지원하는 자들의 인성과 성장과정, 목회의 길을 택하게 된 동기 등을 성화된 이성의 분별을 통해 엄정하게 점검하지 않고 오로지 교단을 확장시키기 위해 머릿수를 늘리는 데만 초점을 둔 결과가 목회자들의 질적 하락을 초래했고, 목회자들의 저질화야말로 한국 교회의 신뢰 손상에 결정적인 원인을 제공했다는 것이 필자의 생각입니다. 물론 완전한 사람들만이 신학을 공부하는 것은 아닙니다. 상처와 아픔을 통해서 예수 그리스도를 인격적으로 체험한 자들이 그 은혜와 사랑을 나누고 증언하고자 신학교를 찾는 경우도 많습니다. 하지만 교회와 신학교는 이들이 장차 성숙한 지도자들로 성장할 수 있도록 그 모나고 상처 난 부분들을 치유하고 교정해줄 체계적이고 과학적인 과정을 갖추어야 합니다. 그리고 교회 지도자를 양성함에 있어서 인격에 객관적인 큰 결격사유가 있는 사람들은 신학교 시절에 미리 잘 걸러내는 시스템을 갖추어야 합니다. 목회자들은 개신교를 대표하는 얼굴들이며, 이들의 도덕적 결함은 곧 한국 개신교의 결함으로 비치기 때문입니다. 뉴브런스윅 신학교의 경우 매달 교수회의 때마다, 목회학(M.Div.) 과정에 있는 개개 학생들을 대상으로 모든 교수가 학생들의 목회 자질과 적합성(fitness for ministry)에 대한 논의를 합니다. 이 중에 특별히 성격결함이 있거나 정직성, 습관 등에 문제가 발견된 학생들은 교수 두 사람씩 한 조가 되어 개인적으로 돌보아준다든지, 전문적 도움이 필요한 경우는 전문상담인들과 연결해주기도 합니다. 물론 학생 개인의 신상에 대한 프라이버시는 철저히 지켜줍니다. 만약 이런 도움들을 거부하거나, 도움 후에도 교회의 지도자가 되기에 문제가 있다고 볼 때에는 학생이 속한 교단의 담당기관(예, 노회)과 의논하여, 이 판단을 통보합니다. 미국 개혁교단의 학생인 경우에는 아무리 성적이 좋더라도 이 적합성에 불합격을 받으면 목사안수를 받을 수 없도록 제도적 장치가 되어 있어서 교수들이 목회자의 자질 관리에 만전을 기합니다.

또한 이성 경시 풍조가 한국 교회 안에 많은 이단을 출현시키는 분위기를 만들어냈습니다. 한국에 유달리 많은 이단이 난무하는 이유는 바로 개신교가 성화된 이성을 올바로 사용하여 정당한 신학적 비판을 하는 것을 경시하고, 그저 영적이고 초월적인 것이라고 여겨지는 것들에 대해 전혀 검증되지 않은 무분별한 권위를 부여한 데서 빚어진 일입니다. 이런 분위기에서 탄생한 이단들의 대부분은 신앙을 빙자하여 일체의 이성적 판단을 억압하고 교인들을 우민화시키는 일들을 자행합니다.

이성의 경시는 장기적으로 볼 때 한 조직을 민주적으로 이끌고 가는 데 부정적인 영향을 끼칩니다. 특히 카리스마적인 권위와 초월적인 신비 경험을 강조하는 교회들의 경우, 교회생활에서 성화된 이성의 역할이 약화 또는 무시됨으로써 성도들의 영적 사고력과 윤리적 판단력이 제대로 개발되지 못하는 일이 비일비재합니다. 왜냐하면 올바른 이성의 사용을 통한 영적 분별과 윤리적 판단도 일정한 훈련을 필요로 하기 때문입니다. 이성의 역할을 억압하면, 성도들은 사건과 상황을 객관화시키고 상대의 의견을 경청하는 가운데 대화를 통해 합의를 도출하는 능력을 기르지 못하게 됩니다. 심한 경우 자기 의견과 자기 자신(인격)을 동일시하여 자기 의견이 받아들여지지 않으면 자기 자신 전부가 거부된 것으로 생각하여 심한 모멸감을 느끼는 경우도 있습니다. 따라서 이성의 경시는 공동체 안에서의 합의의 도출과 이를 통한 공동선의 추구를 어렵게 만듭니다. 이는 자연히 교회와 교회, 교단과 교단 간의 대화와 연합도 불가능하게 합니다. 한국 개신교 전체의 선교적·목회적 유익을 위해 반드시 범교단적 차원에서의 대화와 조율과 타협이 진행되어야 함에도 불구하고 이를 이루어내지 못하는 것은 집단 이기주의에 물들어 있는 심성과 성화된 이성으로 대화하고 수정하여 합의에 도달할 줄 아는 민주적 문화가 뿌리내리지 못했기 때문입니다.

분명한 점은 기독교 신앙은 비상식과 몰상식을 바탕으로 하지 않는다는 것입니다. 이성은 하나님이 동물과 구별하여 인간에게 주신 특별한 은사입니다. 또한 그것은 인간이 살아가는 데 있어서 필수 불가결한 요소입니다. 하나님은 세상을 로고스(즉 이성의 근본) 되신 그리스도의 원리와 질서 속에서 창조하셨습니다. 우주가 질서와 조화 속에 존재하고 움직이는 것은 바로 하나님의 질서(이성)가 그 안에 반영되어 있기 때문입니다. 물론 하나님의 신비는 자연적 이성만으로는 밝혀지지 않습니다. 왜냐하면 하나님에 대한 신앙은 이성을 넘어서 존재하는 실체를 향한 것이기 때문입니다. 하지만 성화된 이성의 활동 없이는 신비와 망상, 성령과 악령, 하나님과 우상, 도덕과 비도덕, 참과 거짓 선지자를 분별할 수 없습니다. 신앙의 영역에서 성화된 이성의 사용을 배제한다면 신앙은 비상식 혹은 몰상식과 동의어가 될 것입니다. 그러므로 우리는 신앙이 이성을 초월하지만 모순되지는 않는다는 것을 분명히 해야 합니다. 확실히 우리의 자연적 이성은 죄로 인하여 왜곡되어 있습니다. 하지만 그리스도 안에서 이루어진 자아의 변화는 우리의 이성과 지식에 대해 새로운 변화를 가져옵니다. 즉 하나님의 주권과 은혜 안에서 이성이 원래의 제자리를 찾게 되는 것입니다. 따라서 신앙의 열매들은 오히려 성화된 이성이나 상식과 전혀 모순되지 않습니다. 성서도 우리에게 "오직 성령의 열매는 사랑과 희락과 화평과 오래 참음과 자비와 양선과 충성과 온유와 절제니 이 같은 것을 금지할 법이 없느니라"(갈 5:22-23)고 말합니다. 신앙은 높은 차원에 있어서 이성의 요구를 항상 충족시킵니다. 그리고 신앙인들은 성화된 이성을 사용하여 하나님의 선하시고 기뻐하시고 온전하신 뜻을 찾아갑니다. 이성은 신앙의 내용인 하나님의 구원에 대해 직접 알려주지는 못하나, 무엇이 옳으며 참되고(진실하며) 거룩한 것인가 하는 하나님의 질서(order)와 규범을 알게 해줍니다. 성화된 이성은 진리를 추구하는 데 있어 객관적인 경험과 피차의 의견을 무시하지 않습니다. 또 성화된 이성을 사용한다는 것은 진리를 추구함에 항상 배우고 듣는 것을 게을리하지 않음을 의미합니다. 이렇게 성화된 이성을 사용하는 신앙은 캔터베리의 안셀름이 말한 바와 같이 "이해(또는 깨달음)를 추구하는 신앙"(Faith Seeking Understanding)입니다.

성화된 이성의 사용은 신앙인의 자기 성찰에도 꼭 필요합니다. 성숙한 신앙은 반드시 자기 성찰을 필요로 합니다. 성숙한 사람은 자기 성찰을 통해 자신을 객관화하며, 자신의 내면 깊은 곳에 숨어 있는 여러 기제를 들여다볼 줄 아는 비판적 지성을 소유한 사람입니다. 또한 이런 성찰은 타인과의 대화와 소통을 통해 성장해갑니다. 이 성찰과 소통을 가능케 하는 힘이 이성입니다. 한국 개신교가 외형적 크기에 비해 내면적으로 성숙하지 못한 까닭은 이런 자기 성찰과 소통을 억압해 온 데 있습니다. 즉 이성을 신앙의 걸림돌로 여기고 마치 참된 순종은 비판적 사고를 무시해야 가능한 것으로, 교회 내의 민주적인 대화는 교회의 단합을 해치는 것으로 가르쳐온 데서 기인합니다. 그 결과 참으로 불행하게도 오늘날 많은 교회가 자기 성찰과 소통의 능력을 상실하게 되었습니다.

신앙의 틀 안에서 이성을 올바로 사용하는 것은 건강하고 성숙한 공동체 생활을 영위하는 데 필수적입니다. 서로 다른 의견을 적절히 조율하고 시시비비를 바르게 가리고 판단하여 질서를 세우는 것이 이성의 역할이라면, 다양하고 복합적인 사회일수록 또 다문화 사회일수록 시의적절한 담론의 형성과 공동선을 추구하는 과정에서 반드시 바른 이성의 사용이 요청됩니다. 성화된 이성은 담론과 대화(특히 타인의 의견을 경청함)를 무시하지 않습니다. 진리를 모색함에 있어서, 소통과 대화를 통해 다양한 사람들의 경험과 판단과 생각들을 들을 때 특정 현상이나 사안에 대해 더 폭넓은 안목과 이해와 문제 해결의 가능성을 얻게 됩니다. 이런 소통과 대화를 통해 공동체의 합의를 찾아가는 과정이 이성적 사고의 과정입니다. 물론 우리가 개인의 삶에서 성령의 음성이나 느낌을 통해 올바른 방향을 직관적으로 찾는 경우들도 많지만, 사회생활에 있어서는 불가피하게 성화된 이성의 사용을 통한 대화와 의견의 교환과 설득이 있어야 합니다. 신앙 안에서의 이성의 바른 자리에 대한 이해와 이의 사용 없이는 한국 개신교는 한국 사회 속에서 선도적이며 계몽적인 역할을 감당하기 어려울 것입니다.

## 7) 단순논리주의

이성 경시 현상은 한국 교회 안에서 단순논리주의의 형태로 나타납니다. 한국 교회는 하나님의 말씀 속에 있는 진리의 복합적이며 상호 유기적인 측면들을 무시하고 모든 진리를 한두 개의 원리로 축소 또는 단순화시킴으로써 현대 사회를 살아가는 인간들의 다양한 고민과 필요에 창조적으로 대응하지 못하고 있습니다.

단순논리가 교회 안에서 널리 통용되게 된 데는 목회자의 권위주의적 리더십이 상당 부분 작용했습니다. 목회자의 권위에 대해 무조건

복종해야 한다는 식의 사고가 교회 공동체 전체의 비판적 이성이 성장할 수 있는 싹을 잘라버렸습니다. 그동안 한국 교회는 하나님에 대한 순수한 신앙과 성서의 절대적 권위에 대한 무조건적인 복종, 목회자의 카리스마적 리더십에 대한 순종을 전면에 내세워 크게 부흥한 것이 사실입니다. 하지만 지금에 와서는 이런 단순논리들이 그 한계를 자주 드러내고 있습니다. 즉 시민사회가 더욱 복잡해짐에 따라 그 안에서 살아가는 성도들이 직면하는 문제들이 더 난해해지고 있기 때문에 이의 해결을 위해서는 말씀과 현실을 연결하기 위한 더 많은 신학적 성찰이 필요합니다.

사회 구조와 실천이 상대적으로 미분화되었거나 또는 교회가 핍박받는 상황에 있을 때에는 뜨거운 열정과 단순한 신앙 원리에 기초를 둔 헌신과 방법론만으로도 충분할 수 있을지 모르나 복합화, 전문화된 사회 안에서 교회가 상당한 지분을 갖고 영향력을 행사하고 있을 때에는 과거의 단순한 논리를 기초로 한 실천은 위험합니다. 사회는 오히려 교회가 보유하고 있는 정신적·인적·물적 자원의 양에 비례해서 사회적인 책임과 지도력을 요구하고 있습니다. 이를 위해서는 복잡한 사회현상을 심도 있게 분석하고 비평하며 그 기반 위에서 대안을 제시할 수 있을 만큼의 복음과 현장을 연결하는 해석적 능력이 필요합니다.

한국 교회 안에 만연해 있는 단순논리 하나를 생각해봅시다. 아직도 많은 목사가 개인이 변하면 사회도 저절로 변할 것이기 때문에 사회 변혁보다는 먼저 개인 구령에 힘써야 한다고 생각합니다. 그러나 이것은 인간이 사회적 존재라는 점과 그리스도인들도 한 사회의 일원으로서 그 사회의 영향을 받으며 살아가고 있다는 가장 기본적인 사실조차 무시하는 단순한 사고방식에 불과합니다. 또 무조건 신학교만 졸업하면 그 다음부터는 각기 스스로 다 알아서 자기 길을 닦을 것이라는 안일한 생각에 갇혀, 예리한 관찰과 영적 분별을 통해 진정한 사명자를 발굴해내지만 그 목사 후보생을 잘 양육하는 일에 대해서는 태만한 어리석고 무책임한 사고방식을 자주 보게 됩니다. 게다가 아무리 위험한 곳으로 선교를 가더라도 일단 가기만 하면 하나님이 다 알아서 지켜주실 것이라는 생각도 빼놓을 수 없습니다. 이런 단순논리는 성서의 부분적 사실을 마치 신앙의 전부인 양 착각하고 오해하기 때문에 발생합니다. 물론 그 안에 참된 진리가 담겨 있는 것은 분명 맞습니다. 그러나 더 중요한 것은 성서의 진리들을 자신이 발 딛고 서 있는 상황 안에서 통전적으로 해석해내는 것입니다. 그렇지 못하면 많은 부작용이 발생합니다. 단순논리에 빠져 있는 성도들은 다원화, 다층화된 현대 사회를 창조적으로 살아갈 수 없습니다.

　　신앙을 단순논리로 접근하는 사고방식 이면에는 더 이상의 영적 성숙을 포기한 채 지금 내가 갖고 있는 잣대의 크기 안에 하나님의 역사를 제한하고 가두려는 위험이 도사리고 있습니다. 하나님의 초월적인 역사를 빙자하여 사람이 해야 할 일을 방기하거나, 인간의 순수한 동기와 열성을 앞세워 마땅히 해야 할 분별의 과정들을 생략해서는 안 됩니다. 제아무리 믿음으로 행한다고 할지라도 성령의 강권적인 역사가 분명히 나타나지 않는 한 반드시 공동체적인 영적 분별의 과정이 필요하며, 또 성화된 이성을 사용하여 여러 인과관계와 변수에 대한 분석과 비판적 숙고, 점검의 과정을 거치는 것이 바람직합니다. 분별없는 믿음은 마치 우리를 이끄는 영이 성령인지 악령인지 전혀 개의치 않는 것만큼 위험합니다. 한국 교회가 하나님의 뜻을 분별하기 위해서는 (1) 먼저 행해야 할 일들과 방법들을 말씀의 진리와 건전한 상식에 비추어 보고, (2) 성령의 내적 음성에 귀 기울이면서, (3) 상호 간의 비판과 점검을 통해 이를 분별해야 합니다.

## 요약

지금까지의 논의들은 한국 개신교가 무교와 유교 같은 전통 종교의 영향과 또 현대 자본주의의 물질주의 영향 아래 성서적 본질에서 얼마나 멀리 이탈했는지를 잘 보여줍니다. 여기에 한국인의 가족주의, 기복주의, 단순논리주의 등까지 겹쳐 결국 한국 교회 안에 "공적 영성"과 "공적 책임"의 개념이 자리 잡는 것을 어렵게 만들었습니다. 전도에서 공적 정신이 빠지게 되니 곧 내 사람 모으기가 되어버리고, 개인 신앙에서 공적 정신이 자라지 못하면 항상 유아적인 성도의 틀을 벗어나지 못하게 됩니다. 교회 사랑에서 공적 정신이 빠지면 족벌주의(nepotism)가 되고, 축복에서 공적 정신이 결여되면 기복주의가 되고, 신앙에서 이성의 자리가 없어지면 광신주의나 신비주의가 되고, 카리스마적 리더십에서 공적 정신이 사라지면 독선과 아집의 권위주의/독재정치(autocracy)가 됩니다. 또한 구도자 예배에서 공적 측면이 빠지면 엔터테인먼트나 치료요법(therapy)이 되어버립니다. 개교회주의는 교회론에서 공적 차원이 실종된 결과요 이원론적인 사고는 신앙에서 역사라는 하나님의 공적 차원이 빠진 결과물입니다. 이처럼 신앙에서 공적인 부분이 실종되면 이기주의, 물량주의, 독선주의에 빠질 수밖에 없습니다.

한국 개신교에는 공적 영성을 꽃피우는 새로운 신앙관이 필요합니다. 시대적 변화와 복합적인 문제들을 해결하기 위해서는 단편적인 몇 가지의 도덕적 규범이나 이전의 단순논리만으로는 턱없이 부족합니다. 이제 정말 기독교 진리의 깊이와 더불어 적합성을 갖추고 성도들의 삶을 이끌어줄 신앙 패러다임이 필요합니다. 다음 장에서는 새로운 패러다임의 구성을 위해 필요한 여러 신학적 지향점을 다루겠습니다.

제3장

# 한국 교회를
# 담을 새 부대를 찾아서

한국 개신교의 패러다임이 기복적·성장지향적·개교회주의적 영성에서 공적 영성의 패러다임으로 전환되어야 한다면, 어떻게 이것이 가능할까요? 또 공적 영성의 내용은 무엇일까요? 이 장에서는 개신교 영성 코드에 공적 영성을 담는 신학적 재구성을 시도하고자 합니다. 패러다임의 재구성에 신학적 비판과 성찰 그리고 창조적 작업은 필수적입니다. 신학적 재구성의 목적은 비뚤어진 개신교회의 그릇된 가치관을 치유하고 잃어버린 사역의 적합성을 회복하며 교회가 올바르게 사역할 수 있도록 진단해주고 세워줍니다. 신학적 재구성 없이는 한국 교회의 깊은 병을 고칠 수 없습니다. 일반적으로 종교기관들 속에 박혀 있는 굳어진 영성들은 쉽게 변하지 않게 마련인데, 한국 개신교의 경우도 마찬가지입니다. 이를 변화시키는 데 도덕적 비판만으로는 한계가 있습니다. 그 이유는 현재 한국 교회의 영성과 목회가 나름대로의 종교적 이유를 근거로 자신을 정당화하고 있고 또한 이미 여러 교회 내의 전통과 습성으로 굳어져 있기 때문입니다.

이를 위해서는 하나님과 교회에 대한 새로운 이해는 물론, 창조론과 구원론, 일반 계시와 특별 계시 그리고 이성과 신앙의 관계의 재구성이 필요하겠습니다. 요약하면 한국 개신교의 패러다임 재구성은 친밀성과 공적 영성의 회복과 조화에서 이루어져야 합니다. 제1장에서 본 것처럼 한국 개신교의 위기가 정체성과 적합성의 위기라면, 이제 이 위기의 극복은 바로 친밀성이라는 하나님 사랑과 공적 영성이라는 이웃 사랑에서 가능합니다. 친밀성이 우리의 신앙 정체성의 영역이라면, 공적 보편성은 사역의 지평 및 적합성과 연결됩니다. 전자가 나무의 뿌리라면 후자는 나무의 가지라고 볼 수 있습니다. 신앙은 항상 이 두 축이 조화와 균형을 이룰 때 건강하게 자라갑니다. 마치 나무가 탄소동화작용을 하기 위해서는 뿌리를 통해 양분과 물을 공급받고, 나뭇잎을 통해 이산화탄소와 햇빛을 받듯이, 건강한 교회도 소통을 통해 자라갑니다.

이 패러다임의 재구성 작업은 인위적이거나 자의적인 작업이 아니라 다이내믹했던 초기 한국 개신교의 에너지를 회복하는 작업입니다. 뒤에서 보겠지만 한국에서 언더우드 선교사가 짧은 시간 내에 개신교의 뿌리를 바로 내리는 일에 성공할 수 있었던 것은 바로 그의 신앙 안에 친밀성과 공적 영성, 이성과 신앙, 개교회와 에큐메니즘 사이의 균형이 잘 이루어져 있었기 때문입니다.

## 새로운 패러다임의 구성

### 1) 기복주의에서 성서적 축복으로: 필요와 욕심의 차이

기복주의가 많은 개신교도의 영성의 기저를 형성하고 있다면, 우리는 성서의 기준에 따라 축복의 개념을 재정의해주고 그 의미를 확대해줄 필요가 있습니다. 성서에는 복에 대한 얘기가 많이 나옵니다. 기복주의의 해결은 복 자체를 부정하는 것이 아니라 복의 의미를 재정의해주는 것입니다. 성서의 복과 기복주의가 말하는 복은 분명히 다릅니다. 기복주의가 근본적으로 이기적이라면, 성서적 복은 궁극적으로 공적입니다. 성서는 인간의 기본적인 욕구, 요즘 말로 하면 정치, 사회, 경제적 기본 권리를 무시하지 않습니다. 하지만 인간으로서의 삶의 기본적인 필요를 채우는 것과 기복주의는 서로 다릅니다. 기복주의는 필요와 욕심을 구분하지 않으며 "욕심"이 항상 "필요"로 둔갑합니다. 반면 성서적 복은 필요와 욕심을 구분합니다. 인간 기본적 필요의 충족과 사적 또는 이기적 욕심은 다르다는 것입니다. 하나님이 출애굽 과정을 통해 이집트의 정치적·사회적 압제로부터 이스라엘 백성을 해방시킨 것이나, 예수님이 기적을 통해 치유와 축사 사역을 하신 것은 인간의 생존을 위한 기본 권리에 대한 하나님의 자비(compassion)와 은총을 보여줍니다. 하지만 인간 삶의 기본 권리가 해결되었음에도 불구하고 뚜렷한 공익적 목적 없이 계속 물질적 이익과 권력을 추구하는 것은 욕심에 불과한 것입니다. 성서에 따르면 그런 욕심은 필연적으로 죄와 사망을 낳습니다. "욕심이 잉태한즉 죄를 낳고, 죄가 장성한즉 사망을 낳으니라"(약 1:10).

기복적인 축복이 개인의 출세와 성공, 부귀영화에 초점을 맞춘 자기중심적인 것이라면, 성서적 복은 개인적 축복을 넘어 이웃을 섬기고 궁극적으로는 공적 이익(public good)과 공동선을 추구합니다. 한국 개신교의 문제는 성서적 축복의 고상한 공적·정신적 내용들을 기복주의적 관점에서 단순화하고 획일화시킴으로써 성서적 축복을 이기적이고 물질적 축복(재산, 건강, 성공, 출세)으로 축소해버리는 것입니다. 그리고 이제 그 후유증 탓에 영성이 병들고 사회와 사람들에게서 신뢰를 잃어 가고 있습니다. 교회가 삶의 정당한 필요를 채우는 것에서 만족하지 못하고 축복의 이름으로 값비싼 명품에 눈독을 들이는 식으로 변질되는 동안 그런 부패하고 타락한 교회를 바라보는 사회적 시선이 싸늘해진 것입니다. 즉 한국 개신교는 1950-1960년대에 사용했던 "필요의 패러다임"이 어느 순간 "욕심(이기주의)의 패러다임"으로 변질되었고 이에 대한 신학적 비판과 자기반성을 태만히 한 대가를 지금 치르고 있는 셈입니다.

분명한 것은 성서의 축복을 건강과 물질, 자녀의 복 등 현세적·실용적인 것으로 국한시키는 기복주의는 이제 의식수준이 부쩍 향상된 한국 사회의 현실과 서로 공존하기 어렵다는 점입니다. 한국 개신교는 사회 전체의 의식수준이 지난 수십 년간에 걸쳐 급격히 성장하였다는 것을 하루빨리 인식해야 합니다. 이런 상황에서 단순논리로 무장한 기복주의가 설 자리는 거의 없습니다. 실제로 교회 안에 팽배한 기복주의는 비판적 의식을 가진 많은 젊은이와 지성인으로 하여금 교회로부터 등지게 했을 뿐 아니라, 이제 와서는 그들을 교회의 적으로 만들고 있습니다. 그런 점에서 지금이라도 한국 교회는 오늘날 현대인들의 다차원적 욕망―생명과 정의와 평화와 참된 의미와 자기실현을 바라는―에 바르게 응답하여 더 높은 차원에서 진리와 참된 의미와 목적으로 인도해야 합니다.

교회가 개인 욕구의 해결에만 초점을 맞출 때 점점 그 내적 생명력("정체성")과 사회적 영향력("적합성")을 잃게 됩니다. 인간에게는 무조건적인 용서와 용납(값없는 사랑)에 대한 갈망이 있는 동시에 더 크고 고상한 의미와 가치를 위해 자신을 헌신하고 싶은 욕망이 있습니다. 이것이 삼위일체 하나님의 영으로 창조된 인간의 본성입니다. 한국 개신교는 전자에 대해서는 절대적인 목회적 배려를 했으나 후자의 개발과 방향성 정립에는 실패했습니다. 그러므로 이제는 인간에게 내재된 이 초월적 욕망을 이 세상에서 하나님의 공의가 실현되는 일에, 그럼으로써 세상의 고통과 절망을 감소시키는 일에 연결시켜주어야 합니다.

하나님은 우리의 필요를 채워주시지만 우리의 사적 욕심을 채우길 원하지는 않으십니다. 우리를 당신의 청지기로 사용하시기 위해 더 많은 물질과 권한을 우리에게 맡겨주실 수는 있습니다. 하지만 이는 욕심을 채우는 것과는 다릅니다. 이런 청지기적 축복은 표면적·물질적 축복을 넘어 이면적·가치적 축복을 추구하는 자들에게 주어지는 것입니다. 한국의 그리스도인들은 우리의 신체적·표면적 욕구의 차원을 넘어 이런 가치적 축복과 영적인 축복에 눈을 뜰 필요가 있습니다. 이 축복은 다른 사람들의 필요를 채우는 축복입니다. 이렇게 할 때 우리에게 주어진 여러 부와 권력과 학문과 성공의 여러 축복은 기복적인 것이 되지 않고 성서의 영적인 축복으로 전환하게 됩니다. 이를 위해서 교회는 사람들의 기본적 욕구충족을 채우시는 하나님의 역사를 강조하는 동시에 오병이어의 기적 후에 떡을 먹기 위해 찾아온 자들에게 예수님이 하늘의 떡인 당신 자신을 소개해준 것처럼(요 6:48-51)[1] 인간 모두의 마음에 숨어 있는 더 깊은 차원의 욕구(의미와 영적 욕구)에 눈을 뜰 수 있도록 도와줄 필요가 있습니다.

우리는 사람들의 말초적 욕구 이면에 존재하는 근본적 욕구, 곧 하나님과의 교제와 연합의 욕구와 자기 초월의 욕구를 지적하여 그들의 영적 욕구와 정열을 하나님 나라의 사역에 연결시켜줄 필요가 있습니다. 그리고 이것이 과거 신앙의 선조들이 걸어간 영성 발전의 과정과 자취였습니다.

예수님도 "사람이 떡으로만 살 것이 아니요 하나님의 입으로부터 나오는 모든 말씀으로 살 것이라 하였느니라"(마 4:4)고 말씀하셨습니다. 이 말씀의 뜻은 하나님이 사람의 기본 생존의 욕구와 필요를 부인하지 않으시지만(왜냐하면 우리를 자연적 욕구와 필요를 가진 존재로 창조하셨으므로), 인간은 단순히 이런 물질적이고 육체적인 욕구충족만이 아닌 하나님의 말씀과 생명 같은 가치적 욕구가 채워져야 그 본질이 산다는 것을 의미합니다. 인간은 하나님의 형상으로 지음 받은 존재로서 하나님과의 바른 소통과 교제를 나눌 수 있을 때 비로소 진정한 삶의 만족을 얻게 됩니다.

---

1 "내가 곧 생명의 떡이니라 너희 조상들은 광야에서 만나를 먹었어도 죽었거니와 이는 하늘에서 내려오는 떡이니 사람으로 하여금 먹고 죽지 아니하게 하는 것이니라 나는 하늘에서 내려온 살아 있는 떡이니 사람이 이 떡을 먹으면 영생하리라 내가 줄 떡은 곧 세상의 생명을 위한 내 살이니라 하시니라."

## 2) 소통하시는 하나님

앞에서 한국 개신교의 위기를 신앙 정체성, 즉 누구를 섬기는가의 문제라고 했습니다. 그리고 현재 개신교의 여러 물신숭배와 배권주의의 증상들이 우상숭배와 다를 바 없음을 말했습니다. 우상숭배는 인간이 자신이 만든 대상에 자기의 욕망과 소원을 투사하는 종교행위를 말합니다. 자기 상상의 하나님을 창조하여 거기에 자기의 욕심을 투사하면 아무리 이름은 기독교라 하더라도 내용은 우상숭배입니다. 왜냐하면 궁극적 목적이 물욕과 권력욕이지 하나님이 아니기 때문입니다. 동시에 한국 개신교는 오늘의 하나님과의 살아있는 관계보다는 고착된 과거의 하나님에 집착되어 그 틀을 못 벗어나고 있습니다. 많은 그리스도인이 하나님에 대해서 갖고 있는 이미지는 가부장적이고 권위주의적인 모습입니다. 설령 사랑의 하나님을 이해한다 하더라도 그것을 용서와 관용의 뜻으로만 이해하는 경우가 대부분인 것 같습니다. 한국 교회가 이 위험에서 벗어나기 위해서는 더 폭넓은 성서와 신학의 눈으로 하나님을 보아야 합니다. 그리고 우리가 원하는 것만 일방적으로 하나님께 쏟아 놓을 것이 아니라 하나님과 소통하여야 합니다. 살아계신 하나님의 음성을 들어야 합니다. 이를 위해서는 무엇보다도 하나님에 대한 새로운 이해가 필요합니다.

하나님은 소통하시는 분(self communicating God)이십니다. 하나님은 그리스도와 성령을 통해 우리와 소통하십니다. 친밀성과 공공성은 상반되어 보이나 실은 전혀 모순되지 않은 하나님의 신비한 소통의 역사(economy)입니다. 삼위일체는 하나님의 소통의 항존성을 말해줍니다. 초대 교부들은 하나님의 존재 모습을 상호침투(perichoresis)라고 했습니다. 더 정확한 어원은 아버지와 아들과 성령이 서로 항상 교통하고 있을 뿐 아니라 그 교통이 엑스터시의 모습, 마치 서로가 하나로 춤추며 움직이는 모습과 같음을 말해줍니다.

하나님은 당신의 무한한 사랑과 생명의 표현으로 세상을 창조하였고, 특히 인간을 창조하신 것은 삼위일체 하나님의 소통을 인간과 더불어 나누길 원하셨기 때문입니다. 사실 하나님의 모든 계시는 하나님의 인간과의 소통(communication)입니다. 그런 의미에서 죄는 이러한 소통의 단절을 의미하고, 구원은 모든 만물 간의 소통의 회복을 의미합니다. 또한 화목은 온전히 소통을 이룬 상태를 말하고, 소통은 관계의 살아있음, 약동성을 뜻합니다. 소통을 통해 우정은 깊어가고, 상호 간의 사랑이 싹트고 자라갑니다. 소통 속에서 인간은 성장을 경험하고 완성되어갑니다. 또 소통은 영을 가진 존재들의 특유의 경험으로 소통은 상대방을 인정하고 존중하게 합니다. 그래서 소통이 바로 이루어지는 곳에서는 정의가 자리 잡게 됩니다. 사랑은 소통의 절정입니다. 즉 자기의 권리와 주장을 넘어 소통을 통해 상대방에게 다가가는 것이 사랑입니다.

하나님의 사역은 소통적 사역(communicative ministry)입니다. 하나님은 소통을 통해 우리를 하나님의 사랑의 공동체로 초대하고 계십니다. 예수 그리스도는 하나님과 우리 사이의 중보자로 오셨고, 그를 말씀(the Word)이라고 부르는 것은 예수님이 하나님과 인간 사이를 소통케 하시는 분이라는 의미를 지니고 있습니다. 사실상 인간의 타락 이후 삼위일체 하나님의 구원 사역은 인간과 소통을 회복하시고자 하는 노력이었습니다. 이 소통이 완성될 때까지 하나님은 아들과 성령을 통해 이 땅 위에서 일하고 계십니다. 하나님의 소통은 개인적인 영역에서만이 아니라 사회의 모든 영역에서 일어납니다. 기독교의 구원이 종말론적 의미를 갖는 것은 바로 하나님과 소통되지 않던 만물이 다시 소통을 회복하며 하나님 안에서 하나 되기 때문입니다. "하늘에 있는 것이나 땅에 있는 것이 다 그리스도 안에서 통일되게 하려 하심이라"(엡 1:10). 하나님은 아들의 성육신으로 인한 속죄와 화목의 소통과, 성령의 교제와 생명의 소통을 통해 만물을 통일하려 하십니다. 이것이 바로 샬롬입니다. 따라서 교회와 그리스도인들은 이 땅 위에서의 자신들의 사명을 하나님의 소통 회복을 위한 선교적 사역(*missio dei*) 속에서 이해해야 합니다. 이 소통과 선교적 사역을 벗어나면, 교회는 그 목적과 생명력을 잃고 서서히 자기 침체에 빠질 수밖에 없습니다.

## 3) 개교회주의에서 하나님 나라로

가족주의와 개교회주의가 한국 개신교의 소통의 문을 가로막고, 사역의 영적 비전을 좁게 만들었다면, 이제 우리는 사역의 궁극적 지평에 대해 재정의할 필요가 있습니다.

성서적으로 볼 때 "공적"이란 말의 뜻은 하나님의 나라와 사역의 가장 넓고 보편적인 차원을 말합니다. 성서 속의 하나님은 구원의 하나님이자 창조주이시며 또한 역사의 완성자이십니다. 하나님의 창조세계가 그분의 지혜와 능력을 드러내주고 하나님의 주권과 구속의 사역은 개인의 구원을 넘어 역사와 창조 전체의 변화를 목적으로 합니다.

따라서 이런 신앙의 공적 차원을 무시하는 것은 성서의 창조와 종말, 곧 시작과 끝이라는 인식의 지평을 잃어버리는 것으로, 이는 우리의 구원 이해와 신앙생활에 막대한 왜곡을 가져옵니다.

예수 그리스도의 지상 사역의 핵심 메시지는 개교회의 성공, 축복, 번영이 아니라 "하나님 나라"였습니다. "회개하라 천국이 가까왔느니라!"라는 말씀에서 볼 수 있듯이, 하나님 나라는 예수님이 외친 첫 번째 설교이고, 그의 생애를 이끌어간 목회 비전이었으며, 구약의 이스라엘과 초대교회에 이르기까지 하나님께 구속받은 공동체의 비전이고 내용이었습니다.

하나님 나라는 하나님이 세상의 모든 영역의 통치자가 되심을 의미합니다. 따라서 복음의 진리는 교회에서뿐만 아니라 사회의 제반 영역을 향해서도 선포되어야 합니다. 사도신경의 고백 "나는 전능하신 아버지 하나님, 천지의 창조주를 믿습니다"처럼, 또한 예수님의 "하나님은 그 해를 악인과 선인에게 비추시며 비를 의로운 자와 불의한 자에게 내려주신다"(마 5:45)는 말씀처럼, 우리는 정치, 경제, 사회, 문화, 교육, 과학의 모든 영역이 궁극적으로 하나님의 주권 아래 있음을 믿습니다. 또 우리의 천직의 실천을 통해 이러한 삶의 모든 영역을 변화시켜가도록 부름 받았다는 것을 믿습니다. 마치 강물이 흘러가면서 땅의 곳곳을 채우고 스며들 듯 교회도 하나님의 말씀의 진리와 생명의 은혜를 사회의 모든 영역과 기관에 공급해야 합니다. 이런 면에서 기독교는 다른 종교와 달리 피안과 내세보다는 역사성과 인간의 사회 현실적인 책임을 강조하는 종교입니다.

하나님 나라, 즉 그분의 통치는 하나님의 선교적 사역의 내용을 말해줍니다. 하나님 나라는 창조세계가 죄와 악과 죽음의 세력으로부터 회복되고, 하나님의 사랑과 의가 실현되는 세계입니다. 하나님은 이 나라를 실현하시기 위해 예수 그리스도를 보내셨고, 지금도 성령을 통해 일하고 계십니다. 따라서 하나님 나라는 자연스레 교회 사역의 내용과 지평이 됩니다. 교회는 하나님의 통치를 성도의 공동체 속에 이루고, 이를 세상에 전파하는 곳입니다. 하나님 나라의 비전이 교회와 성도들의 비전이 되지 못할 때 교회는 교조주의나 제도주의(institutionalism)에 빠지기 쉽고, 신앙의 궁극적인 안목과 시야를 잃으면 자기 축복과 자기 교회 성장이라는 좁은 틀 안에 함몰되고 맙니다. 하나님의 나라는 복음의 핵심이며, 우리 신앙고백의 중심에 존재합니다. 이것이 신앙의 목적이 되지 못하면 신앙생활은 역사적·종말론적인 총체성과 통전성을 상실하고 단편적이거나 부분적인 것에 머물고 맙니다.[2] 그럴 경우 교회도 현실 안주와 영적인 나태 속에서 점차 사회의 한 기관으로 자리 잡게 됩니다. 하나님 나라의 부름에 바탕을 두지 않은 교회와 사역은 세상 속에서 무엇을 어떻게 하여야 할지 방향을 잡지 못합니다.

그러나 하나님 나라를 중심에 두는 사역은 성도들의 안목을 하나님의 창조세계와 역사의 현장으로 넓혀줍니다. 교회만이 우리의 삶의 경기장이 아니라 역사 전체가 우리의 신앙의 경기장입니다. 교회는 성도들이 자신의 역량을 최대한 발휘하여 이 경기장에서 힘껏 뛸 수 있도록 도와주어야 합니다. 세상이라는 경기장에서 하나님의 영광을 위해

---

2 반대로 한국 개신교가 만약 이런 통전적인 사회적 비전이 아닌 다른 방향의 신학적 패러다임을 택하려면 세상과 분리되어 존재하는 아미쉬들과 같은 대안적 공동체의 모습으로 승부를 내야 할 것입니다.

전력 질주하는 우리 그리스도인들을 보게 될 때, 분명 세상 사람들도 구경꾼에서 경주자가 되고 싶어할 것입니다.

교회는 하나님의 주권 아래서 창조세계의 아름다움을 회복하는 일을 위해 부름 받았습니다. 그런데 한국 개신교는 개교회의 성장과 안녕에 몰두한 나머지 자신도 모르는 사이에 창조세계를 포괄하는 하나님 나라의 비전과 안목을 잃어버렸습니다. 하지만 하나님 나라는 지금까지 한국 교회가 생각해온 것과 같은 좁은 의미의 개인전도와 해외선교에만 국한되는 것이 아니라, 인간이 참여하고 활동하는 모든 영역 속에 하나님의 주권을 드러내는 데서 이루어집니다. 우리는 선교와 전도를 열심히 하되, 그 목적이 개교회 차원을 넘어선 하나님 나라인 것을 명심해야 합니다. 왜냐하면 전도와 선교는 하나님 나라를 회복해가는 한 과정이기 때문입니다.

이렇게 볼 때 진정한 의미에서의 한국 복음화는 단순히 전 국민을 전도하는 개인 구령의 차원을 넘어섭니다. 그것은 복음 전파의 사역과 동시에 성서적 가치관 위에 한국을 세우는 일, 즉 한국의 기독교화를 의미합니다. 이를 위해서는 성서의 근본적 가치들과 규범을 바로 이해하고 이를 한국의 여러 사회제도와 상황에 적용하는 작업이 필요합니다. 이 작업이 바로 공적 신학의 역할입니다. 이스라엘의 역사와 기독교 역사에서 볼 수 있듯이 하나님을 창조주, 곧 만물의 주인으로 고백하는 신앙은 기독교가 세상의 정치, 경제, 사회, 문화의 흐름과 변동에 민감하게 관여할 때 가능합니다. 물론 이것이 기독교의 신정 정치 또는 국교화를 통해 교회가 사회의 기관과 조직을 직접 통치하는 것을 뜻하는 것은 결코 아닙니다. 오히려 이것은 교회의 끊임없는 예언자적 각성과 교육을 통해서 국민들을 바르게 이끌 뿐만 아니라 사회의 근간이 되는 도덕적·영적·정신적 가치와 규범을 성서 안에서 해석하고 재정의해 주는 작업입니다.

### 창조론의 회복과 구원론과의 균형

하나님 나라를 지평으로 삼는 신앙과 사역은 바른 창조론의 신앙을 바탕으로 합니다. 하나님 나라가 성도들의 사역의 지평이라면 우리는 교회 밖의 세상, 곧 창조세계에 대한 새로운 이해를 갖지 않을 수 없습니다. 성서는 하나님이 만드신 창조세계가 본시 선했다고 가르치고 있습니다. 물론 인간의 타락으로 인해 창조세계 안에 하나님에 대한 반역, 고통, 상처들이 곳곳에 배어 있으나, 이런 부정적 상황이 하나님의 창조의 선함을 근본적으로 부정하거나 무시하지는 못합니다. 또한 위에서 본 바와 같이 하나님을 창조주라고 고백함은 하나님의 주권이 창조의 전 영역에 미치고 있음을 말하는 것입니다.

그렇지만 참으로 유감스럽게도 현재 한국 개신교회 안에서 강조하는 구원론은 창조론과 단절된 채 논의되는 경우가 흔합니다. 성서가 말하는 구원이 하나님의 창조의 선함을 온전히 회복하는 것(샬롬)이라 한다면, 창조론을 배제한 구원론이란 결국 반쪽짜리 진리밖에 되지 않습니다. 창조론이 약하거나 구원론과 창조론의 관계가 명확히 정립되어 있지 못할 때 초래되는 가장 대표적인 문제는 구원받은 성도들이 세상에서 어떻게 살아야 할지에 대한 올바른 지침을 주지 못한다는 것입니다. 한국 개신교의 교회 내 윤리는 기본적으로 개인윤리와 교회 내 회중 윤리 수준에 머물고 있어서 교인들이 사회와 어떻게 관계를 정립해

나가야 하는가 하는 문제, 즉 신앙과 삶을 올바로 연결시키는 문제를 도외시합니다. 그 결과 요즈음처럼 복합화·전문화된 사회에서 성도들로 하여금 선도적 역할을 발휘하도록 돕지 못하고 있습니다. 오늘날 성도들은 정치, 경제, 사회, 문화의 각 분야의 주요한 위치에서 리더로 활동하고 있고 또 그리스도인으로서의 삶과 발언들을 인터넷과 대중매체 속에서 거의 즉각적으로 점검받습니다. 바른 창조론의 부재에서 오는 개인적이고 개교회 중심적인 신앙은 성도들이 시민사회 내에서 활동하는 데 도움을 주기는커녕 도리어 혼란과 왜곡을 주고 있습니다.

또한 한국 교회의 이분법적인 사고의 눈으로 볼 때, 이 세상은 성도들이 잠시 거쳐가는 여관과 같기에 창조계의 아픔과 고통, 정의와 부조리의 문제는 신앙적 관심에서 벗어나 있는 경우가 허다합니다. 이렇게 개교회주의, 이분법적 사고 안에는 자신도 모르게 하나님의 창조세계를 부정적으로 보는 사고가 깊이 박혀 있다 보니 성도들이 세상 속에서 어떻게 그리스도인으로 살아가야 하는가라는 질문에 대해 대안을 제시해주지 못하는 것입니다. 그리고 설령 사회적 참여를 한다 해도 기껏해야 구제와 사회봉사 정도가 전부인 것처럼 여기는 경우가 대부분입니다.

그리고 이런 반쪽짜리 창조론의 이해는 예수 그리스도의 구원의 사건을 이해하는 데도 나타납니다. 즉 예수님의 죽음이 갖는 개인적 속죄의 강조는 있으나, 예수님의 사역과 부활이 이 땅에서 갖는 공적·사회적 의미에 대한 이해는 심히 약한 것이 사실입니다. 더군다나 기독론과 구원론을 삼위일체의 틀 안에서 이해하지 않다 보니, 예수님의 사역을 삼위일체 하나님의 창조 공동체가 이루는 회복의 사역(*oikonomia*)

으로 이해하지 못하고 있습니다. 창조세계 속에서 일하고 계신 아버지 하나님, 창조의 실행자로서의 성자(로고스), 그리고 창조의 영이신 성령은 거의 무시한 채, 복음의 의미를 단지 그리스도를 통한 개인 구원의 차원으로 축소시키는 데 머물고 마는 것입니다.

창조론이 허약한 기독교는 포괄적이며 일관성 있는 윤리관을 제공하지 못합니다. 왜냐하면 개인과 사회, 교회와 사회와의 관계를 제대로 설명해주지 못하기 때문입니다. 곧 창조론을 포함하지 않은 성화론은 결국 개인 경건주의로 끝나고 말며, 교회와 성도가 감당해야 할 사회적·역사적 사명에 대해서는 무지하게 만듭니다. 사회 내에서 기독교의 진리에 도전하는 여러 철학적 이데올로기(가령 사회주의, 탈모던주의, 종교다원주의)에 대응하여 겨룰 힘을 제공하지 못하여 교회의 위치는 점점 위축됩니다. 동시에 창조론과 유리된 성령론은 성도들을 신비주의나 초월적 내세주의로 몰고 가거나 또는 영적인 능력을 이기적이고 종교적인 욕망을 충족하는 데에 악용하는 기복 무술주의나 이단에 빠뜨릴 위험이 큽니다. 실제로 한국 개신교에서 발생했던 수많은 이단 종파들은 삼위일체 교리의 균형을 잃어버리고는 특정 영적 경험의 일면을 극단적으로 강조한 데서 비롯된 경우가 많았습니다.

창조론의 왜곡이나 부재 현상은 목회자들로 하여금 사회의 다양한 이슈와 문제들에 대해 올바른 의견을 개진하는 것을 방해하고 있습니다. 설령 어떤 의견을 낸다 하더라도 성서 구절의 인용이나 원론적인 말을 되풀이하는 정도에 그치고 말뿐이지, 말씀과 전통의 바탕에서 오늘날 사람들이 살아가는 경험과 공통인식에 기반을 둔 설득력 있는 논리를 펼치지 못하는 것이 현실입니다. 심지어 상당수의 대형교회 목회자들조차 일찍부터 교회 성장 방법론에 길들어 있는지라 회중 내의 리더십을 넘어서 사회적 지도력이나 여론 형성, 시민사회 안에서의 영적 영향력 행사, 그리고 사회의 방향에 대한 예언자적 비전을 제시할 수 있는 실력과 소양이 턱없이 부족합니다. 그리고 이러한 윤리의 미발달은 교회가 사회에 대처하는 방법을 아주 미숙하게 만듭니다. 즉 교회의 이익이 손상을 본다고 생각하는 경우에는 정치에 지나치게 깊이 관여하여 사람들로 하여금 교회가 단지 이익 집단에 불과하다는 부정적 이미지만 갖도록 만듭니다.

### 일반 계시와 특별 계시

교회가 사회에 참여하고 소통하기 위해서는, 또 하나님 나라의 사역을 수행해나가기 위해서는 전도 외에도 공적·선지자적 사역이 꼭 필요합니다. 그렇다면 교회가 어떻게 신앙의 정체성을 잃지 않고 이를 감당할 수 있을까요? 우리는 여기서 성서와 기독교 전통에서 말하는 자연법과 일반 은혜에 대해 살펴볼 필요가 있습니다. 자연법과 일반 은혜는 구원과 상관없이 모든 인간에게 미치는 하나님의 규범이며 은혜입니다. 일찍이 기독교 역사에서는 초기 교부시대로부터 루터, 칼빈에 이르기까지 자연법을 중요시하였고 이를 바탕으로 그리스도인들이 비그리스도인들과 소통할 수 있는 길을 제시했습니다.

하나님의 통치는 창조의 전 영역에 미치며 이는 복음을 통해서뿐만 아니라 자연법을 통해서도 일어나는 것입니다. 엄격한 의미에서 보자면 자연법도 하나님의 말씀이며 계시입니다. 율법은 비그리스도인들과의 도덕적 공통분모, 즉 개신교가 시민사회와 공적 영역에 참여하는 것에 대한 접촉점을 제공해줍니다. 인간 사회와 역사에는 보편적인 도덕 상식과 의와 선에 대한 지식이 존재합니다. 신학에서는 이를 일반 은총이라고 부르기도 하고, "원공의"(Orignial Justice)라고 하기도 합니다. 또 일반 계시는 자연 질서와 보편적 역사 속에 나타난 하나님의 계시로서 완전하지는 않지만 비그리스도인들 속에, 일반적 인간 양심 속에, 그리고 창조질서 속에 나타난 하나님의 경영과 계시의 단편과 파편들을 말합니다. 사도 바울은 로마서 1장 19-20절에서 "하나님을 알 만한 것이 저희 속에 보임이라 하나님께서 이를 저희에게 보이셨느니라 창세로부터 그의 보이지 아니하는 것들 곧 그의 영원하신 능력과 신성이 그 만드신 만물에 분명히 보여 알려졌나니 그러므로 저희가 핑계하지 못할지니라"라고 말했습니다.

사람들은 그러한 지식대로 살지는 못해도 그것에 근거한 판단과 비판력은 소유하고 있습니다. 만약 그것이 없다면 사회는 악의 구렁텅이로 빠지게 되고, 하나님의 통치는 그 가장 기본적인 최소치도 이루어지지 않게 될 것입니다. 칼빈주의자들에 의하면 비록 인간이 타락했을지라도 선에 대한 지식마저 왜곡될 정도로 타락한 것은 아닙니다. 그렇기에 하나님의 은혜와 통치의 가장 기본적인 것은 이런 선의 지식을 통한 비판과 양심의 판단을 통해 오늘도 유지되고 있다고 합니다.

일반 계시는 신앙의 진리가 비그리스도인들에게도 설명되고 이해될 수 있다는 최소한의 인간 인식론적 바탕과 더불어 그리스도인들이 비그리스도인들과 사회의 공동선을 위하여 함께 일할 수 있는 신학적 바탕을 제공해줍니다. 즉 성서의 진리를 일반인들이 이해할 수 있는 가능성이 조금도 없다면 어떻게 사람들이 복음을 이해할 수 있겠습니까?

물론 성서의 진리를 이해하고 수긍하게 하는 일은 궁극적으로는 성령이 하시는 일이지만, 성령의 역사는 사람들의 여러 지식과 경험, 생각을 통해 가슴과 머릿속에서 일어나는 것입니다. 또 이런 일반 계시가 있기에 세상에 최소한의 도덕적 질서가 유지되며, 인간 상호 간의 대화가 가능한 것입니다. 이런 일반 계시는 인간의 학문과 과학 그리고 정리되고 검증된 역사적 경험(악은 궁극적으로 심판받는다, 무죄한 자를 벌해서는 안 된다, 거짓은 잘못된 것이다, 가정은 중요하다 등등)에서 나타납니다.

물론 일반 계시가 다른 종교에도 기독교적인 의미의 구원이 있다고 말하는 것은 아닙니다. 그리고 그것은 단편적이고 부분적이며 왜곡되어 표현되기 쉽기 때문에 특별 계시인 성서가 증거하는 바, 곧 예수님을 통해 나타난 삼위일체 하나님의 참 진리에 의해 보완받고 수정받을 필요가 있습니다. 즉 일반 계시와 특별 계시의 관계는 부분과 전체, 불완전과 완전의 관계로 볼 수 있습니다. 이런 의미에서 하나님의 섭리와 역사는 타 종교, 전통 종교를 통해서도 인류 속에 역사할 수 있습니다. 하나님은 창조주로서 자연과 역사 속에 현존하시며 만물을 다스리시고 만물 속에 생명을 주시며 만물을 만물되게 하십니다. 그렇기에 성서는 성령의 일하심을 교회나 믿는 사람 개인에게만 국한시키지 않으며, 하나님의 말씀(로고스) 또한 성육신하신 예수 그리스도에 국한시키지 않고 그것이 온 우주 속에서 일하고 있으며 또 만물이 이로 말미암는다고 선언하고 있습니다(시 104:30; 요 1:9, 14 참조).

따라서 우리는 성령과 말씀(로고스)의 우주적 내재하심과 사역을 인정해야 합니다. 혹 이를 부인하는 것은 자연과 역사의 모든 영역에서 일하시는 하나님의 역사와 존재를 부인하는 것이 됩니다. 개혁주의 전통의 입장에서 이런 일반 계시는 바로 하나님의 창조적 주권을 증명해주는 것으로서, 우주 속에서 최소한에 걸쳐 하나님의 율법이 인식될 수 있고 양심 속에 증거되고 있음을 말해주는 것입니다. 칼빈도 일반 계시에 대해서 인간의 마음(mind)과 자연본능 안에 신에 대한 어떤 인식이 존재하는 바, 이는 모든 인간 안에 보편적으로 존재하는 "신성의 감각"(sense of divinity)과 "종교의 발아"(seed of religion)라고 말했습니다.

이런 일반 계시는 개신교가 다른 시민사회 기관이나 타 종교와 더불어 공동선과 사회적 협력을 위해 관계를 맺는 데 교리적 바탕을 제공해줍니다. 우리는 타 종교를 통해 나타난 하나님의 일반 계시적인 측면을 인정해야 합니다. 다른 종교와의 관계를 바로 맺기 위해서는 모든 타 종교를 무작정 비진리나 우상으로 취급해서는 안 됩니다. 물론 타 종교 속에 우상을 섬기는 경향이 나타나지만 그것을 미개한 정령신앙이나 무교와는 구별해야 하며, 인류의 여러 경험과 지혜가 스며 있는 세계 종교들을 모두 우상인 것으로 즉각적인 규정을 해서는 안 됩니다. 타 종교가 소유하는 경험과 지식도 광의적인 의미의 일반 계시로 볼 수 있으므로, 서로 대화하면서 배우고, 그 가운데 기독교의 진리성을 증거하고, 함께 공동선을 추구해나가야 합니다.

어거스틴은 "모든 경건하고 진실한 그리스도인은 진리를 발견하는 곳마다 그 진리가 주님의 진리라는 것을 알아야 한다"고 말했습니다.[3] 칼빈도 "우리가 만약 하나님의 성령이 진리의 유일한 근원이라고 간주

---

3　Augustine, "Every good and true Christian should understand that wherever he may find truth, it is his Lord's." *On Christian Doctrine* (New York: Liberal Arts Press, 1958), 54.

한다면, 우리는 항상 그 진리가 어디에서[비록 뜻밖의 곳에서] 보일지언정 그 진리를 무시하거나 거부해서는 안 된다. 만약 우리가 하나님의 성령을 무시하기를 원치 않는다고 한다면…"[4]이라고 말했습니다.

    한국 개신교는 세상의 학문에 대한 의심과 불신 대신에 비판적이고 창조적인 대화의 자세를 가져야 합니다. 삼성, 현대, LG 등과 같은 한국의 대기업들이 보여주는 것처럼, 일반 은혜(general grace)의 역사 속에서 경제, 사회, 과학, 제도들이 얼마든지 부분적으로 발전할 수 있다는 것을 인정해야 합니다. 이런 제학문과 기관들의 공헌을 일반 계시의 차원에서 긍정하며(즉 이들이 하나님이 창조하신 세계의 비밀을 알게 해 주는 데 공헌하는 것을 인정하고), 이러한 공헌들을 더 높은 차원에서 인간의 목적과 의미, 그리고 공공선으로 연결하기 위해 복음의 공적 가치와 방향을 적극적으로 제시해야 할 것입니다.

### 4) 성장 위주의 교회에서 소통하는 교회로

    한국 개신교는 힘의 논리를 바탕으로 한 성장주의를 버리고 하나님과 이웃을 섬기는 교회가 되어야 합니다. 섬기기 위해서는 소통이 필수적입니다. 교회는 하나님과 이웃과 소통해야 합니다. 소통해야 상대를 알 수 있고, 또 알아야 잘 섬길 수 있습니다.

    한국 교회의 갱신을 위해서는 교회의 본질과 사역에 대한 바른 이해가 필요합니다. 교회의 의미는 단순히 세상에서 건져내어 져 구원

---

[4] Calvin, *Institutes of the Christian Religion*, 2.2.15.

받은 자들의 모임에만 국한되는 것이 아닙니다. 동일한 마음과 뜻을 가진 성도의 모임만도 아닙니다. 교회는 부름 받아 모아지고(called, gathered), 훈련받고 빚어져서(upbuilt), 보내지는(sent) 것입니다. 교회의 눈높이와 비전은 항상 이 보내짐(파송)을 염두에 두어야 합니다. 사람들을 모으고 훈련시켜 또 더 모으는 것(수적 성장)에 초점을 두어서는 안 됩니다. 보내짐을 생각하지 않는 교회는 갇힌 교회가 되고 맙니다. 그런데 여기서 보내짐, 곧 선교적 사역이란 단순히 해외선교만을 의미하는 것은 아닙니다. 또 영혼구원을 위한 전도만을 뜻하는 것도 아닙니다. 선교적이란 의미는 교회의 존재 양식 자체를 말합니다. 선교적 교회는 하나님 나라를 경험하고 나누는 교회인데 궁극적으로는 밖을 향한 교회입니다. 사람들을 모으고 훈련시키는 것도 결국은 하나님 나라를 이루기 위해서입니다. 하나님 나라는 우리의 영(靈)만이 아니라 하나님의 창조물 전체에 이루어질 세계이고 우리의 육체가 부활할 때 이루어질 새 하늘과 새 땅의 세계입니다. 교회가 계산에 따라 선택적으로 세상과 관계하는 것이 아니라, 하나님의 선한 창조세계의 회복을 위해 사회의 전 영역에서 증인의 사역을 행하는 것입니다. 즉 해외에 선교사를 보내고 기도하고 물질을 보내는 것으로 선교를 하고 있다고 생각하는 것이 아니라, 교회의 구성원들 모두가 세상과 전방위적으로 소통하고 관계하는(engage) 것을 말합니다.

선교적 교회로 나아가기 위해서는 세상과 소통하는 교회가 되어야 합니다. 교회의 선교적 사역은 세상과의 소통을 통해 이루어집니다. 이것은 교회가 세상의 신음과 고통의 소리를 들을 수 있을 때에야 비로소 가능합니다. 이러한 소통과 선교는 하나님의 사역을 본받은 것입니다.

삼위일체 하나님은 영원히 소통하시는 하나님이며 선교적 하나님입니다. 소통을 위해 아들과 성령을 우리에게 보내신 것처럼, 교회도 삼위일체 하나님을 본받아 (1) 하나님과 소통하고, (2) 사회와 소통하는 교회가 되어야 합니다.[5]

소통하는 교회는 성령의 음성을 듣는 교회입니다. 성령은 바람(루아흐, *ruach*)처럼 소통하시는 영이십니다. 또한 하나님과 우리, 이웃과 우리를 서로 교통(fellowship, *koinonia*)하게 하시며 하나 되게 하십니다. 소통하는 교회는 화석화된 교회의 권위주의적 틀을 뛰어넘습니다. 바람이 통하지 않는 공간에 곰팡이가 피고 썩는 것처럼, 또 몸에 어느 한 부분에 피가 통하지 못할 때 그 부분은 병들어가기 시작하는 것처럼, 소통하지 못하는 교회도 결국에는 부패할 수밖에 없습니다. 앞에서 본 것처럼 오늘날 한국 교회의 부패는 하나님과 세상과의 살아있는 소통을 거부하고 스스로의 욕망에 갇힌 결과라고 볼 수 있습니다.

소통하는 교회, 선교적 교회는 역사 속에 하나님의 의를 증거하는 공적인 교회입니다. 개인의 영혼만이 아니라 인류와 역사, 사회를 영적·도덕적으로 이끌어주는 교회입니다. 선교적 교회는 구제와 봉사 정도에 그치지 않으며, 교인들을 교회 안에 가두지 않고 세상으로 보냅니다. 사실 성도들의 모든 삶의 현장은 소통과 선교적 현장입니다. 선교적 하나님은 개인 전도만이 아니라 하나님의 의와 인과 사랑, 즉 하나님의 샬롬을 선교적 현장에서 이루길 원하십니다. 따라서 소통하는 교

---

5 Craig van Gelder, *The Ministry of the Missional Church* (Grand Rapids: The Baker Books, 2007).

회란 임의로 사회의 한 영역에서만(예, 문화적 영역) 소통하고 다른 영역에서는 입을 다무는 그런 교회가 아닙니다. 또한 상류층이나 권력층의 구미에 맞추는 선택적 소통이 되어서도 결코 안 됩니다. 교회는 사회의 구조적 병폐와 불평등 그리고 가난의 악순환에 대해서도 정직한 목소리로 말해야 합니다.

교회가 세상과 소통하고 상관하기 위해서는 세상에서 무슨 일이 일어나고 또 그 일들이 어떤 메커니즘 속에서 서로 맞물려 돌아가고 있는지를 이해하지 않으면 안 됩니다. 그러기 위해서는 단순논리 몇 가지로 사회의 사건과 현상을 규정짓기보다는 사회과학의 여러 학문적이고 전문적인 도움을 통해 역사의 인과관계와 사건의 흐름을 이해해야 합니다. 그렇지 않고서는 교회의 목소리가 세상과의 소통이 아닌, 우리만의 소리가 되고 맙니다. 우리가 살고 있는 사회와 그 속의 여러 변화를 사회과학의 도움을 통해 객관적으로 이해하고 분석하지 못한다면, 우리는 우리가 갖고 있는 본능적 이기심이나 전통적 관습의 눈으로 해석하게 됩니다. 이 과정에서 자칫 잘못하면 "예수천당 불신지옥"과 같은 단순논리나 이분법으로 세상을 쉽게 정죄해버리게 되는 것입니다. 또한 신학적 성찰이 결여되면 성서를 읽더라도 하나님의 통전적인 성품과 일하심을 자신의 잣대에 맞춰 자의적으로 해석하게 되고 또 자신에게 맞는 하나님을 만들어냄으로써 하나님을 자기 범주 안에 가두게 됩니다.

교회가 세상과 소통하기 위해서는 하나님이 세상에서 어떻게 일하고 계시는가를 올바로 분별해야 합니다. 예수님은 "내 아버지께서 이제까지 일하시니 나도 일한다"(요 5:17)고 말씀하셨습니다. 하나님이 어떤 분이시고 또 어떻게 세상 속에서 생명의 영, 진리와 구원의 영으로 일하고 계신가 하는 것을 이해하기 위해서는 말씀에 대한 통전적 공부와 신학적 성찰이 필요합니다. 이런 연구와 성찰을 바탕으로 해서 우리에게 어떤 일이 일어나고 있는가, 하나님은 무엇을 하고 계신가 하는 질문을 던진 후, 우리가 해야 할 일은 무엇인가, 하나님은 우리에게 무엇을 원하시는가를 찾아야 할 것입니다. 이것이 교회가 공동체로서 갖는 성찰과 분별의 과정입니다. 성령은 이 과정에서 우리로 하여금 하나님의 살아있는 음성을 듣게 하시고, 또 세상의 깊은 모순과 아픔에 대해 눈을 뜨게 도와주십니다. 이렇게 성령 안에서 말씀에 귀를 기울이고, 신학적 성찰에 힘쓰며, 세상에 대한 이해와 연구에 최선을 다한다는 것은, 곧 하나님과 세상과의 소통 속에 살아간다는 것을 뜻합니다.

## 5) 단순논리에서 분별력 있는 신앙으로: 신학적 사고와 윤리적 성찰의 필요성

세상과 소통하고 하나님의 뜻을 분별하기 위해서는 단순논리만으로는 안 됩니다. 깊은 영성과 지식 그리고 지혜가 요구됩니다. 시대가 변할 때마다 정사와 권세, 공중의 권세 잡은 영들도 모습을 달리하여 나타납니다. 즉 사탄도 아무런 변화 없이 과거의 모습 그대로 나타나는 것이 아니라, 새로운 이론과 문화적인 유혹의 모습으로 탈바꿈하여 나타납니다. 시대가 변하면 인간 욕망의 강조점과 표현의 방법이 달라지듯, 인간을 병들게 하고 왜곡시키며 파괴시키는 세력들도 그 모습을 변장합니다. 가령 한국 사회에서 마약, 알코올, 게임중독 등은 전통적인 사회의 문제들과는 다른 형태의 도전인 것처럼 말입니다.

시대와 사회가 변함(철학, 문화, 또 사회의 여러 물적·과학기술적 조건의 변화)에 따라 찾아오는 신앙의 혼란을 잘 정리해주는 것이 신학적인 사고와 성찰입니다. 우리는 앞에서 한국 개신교의 신학적 사고와 성찰을 경시하는 태도가 거짓과 참을 구별하는 능력을 약화시켰다고 지적했습니다. 그 결과 각종 이단 사설이 난무하고, 성령과 악령의 역사 간의 분별이 모호하게 되었습니다.

신학적 사고와 성찰이란 분별의 과정으로서 말씀의 근본적인 원리 속에서 오늘의 삶의 현장 가운데 우리가 가야 할 방향을 찾는 것입니다. 이것은 교회가 변하고 있는 역사와 사회 속에서 살아계신 하나님의 뜻을 분별하고 그 뜻을 이루어 나아가는 데 없어서는 안 되는 중요한 작업입니다. 신학적 성찰은 성서의 신앙의 가치들과 우리의 영적 열정을 현재의 여러 삶의 현장과 연결시켜줌으로써, 하나님의 뜻이 우리의 삶을 통해 성육신되도록 도와줍니다. 따라서 신학적 성찰은 개인의 영적 문제나 교회의 내부 문제에 국한될 수 없습니다. 성도들이 살아가는 삶의 모든 문제와 연관됩니다. 동시에 신학적 사고와 성찰은 설교의 말씀과 목회의 내용이 복음의 본질과 일치되는가를 살펴보는 과정입니다. 또한 신앙의 탈을 쓰고 왜곡된 가르침을 주는 거짓 선지자들을 참 선지자들로부터 구별하는 과정이고 사회의 여러 변화─철학적·사상적·이데올로기적·문화적·물리적·과학기술적 변화─속에 숨어 있는 위험성들을 복음의 빛 아래서 들추어내며, 성도들이 여기에 어떻게 대처해야 하는가를 알려줍니다. 신학적 사고와 성찰이 없거나 약할 때 교회는 그 사역의 방향성을 상실하고, 교회 안에 어떤 불순요소들이 들어와 있는지를 분별하지 못하거나, 또는 기존의 낡은 사고방식의 신학으로 오늘의 문제를 해석해주고자 하기에 설명력과 문제해결 능력이 떨어지게 됩니다. 신학적인 사고와 성찰이 에너지 자체는 아니지만, 마치 배의 방향타와 같아서 교회가 어떻게 목적지를 바로 찾아갈 수 있는지를 알려주는 것입니다.

시대가 혼란스러울수록 바른 신학적 성찰과 사고가 더욱 필요합니다. 우리는 이것을 통해 이 시대와 사회를 향한 하나님의 뜻을 구할 수 있습니다. 바꿔 말하면 사회의 제반 문제들을 향한 하나님의 마음과 생각을 배워야 합니다. 이를 위해서는 개인의 사고와 성찰의 수준에서 끝내지 말고, 신앙인들이 공동체적으로 함께 기도하고 진지하게 시대를 고민하고, 대안을 찾아가며 하나님의 도움을 구해야 합니다.

한국 교회 내부의 부패가 살아계신 하나님과의 소통과 사회와의 소통이 단절된 상태에서 생겨난 것이라면, 우리는 신학적 성찰과 사회적 분석을 통해 성령이신 하나님의 뜻과 교회가 놓여 있는 현장에 대해 계속하여 귀를 기울임으로써 그 문제들을 극복해가야 합니다. 특히 한국은 어느 사회보다도 극심한 이데올로기적 극단성, 급격한 사회변화, 종교적 다양성, 문화적 격변 속에서 혼란이 가중되고 있기 때문에 교회가 더욱 예리한 신학적 사고와 성찰을 갖추어야 하는 것은 당연한 일입니다. 이를 위해서는 끝없이 변화하는 사회 속에서 나타나는 위험이나 기회를 예의주시하고, 그것을 체계적으로 연구하고 분석하며, 또 여러 경향과 트렌드들을 지속적으로 말씀의 빛에 비추어보고 신학적으로 평가해야 합니다.

## 6) 이성 경시에서 이성의 창조적 사용으로

위에서 말한 소통과 성찰의 중요성은 이성에 대한 바른 이해를 요구합니다. 이성의 바른 사용이 없이는 인간 사이의 소통과 성찰은 불가능하기 때문입니다. 한국 교회 안에는 이성에 대한 거부감이 팽배해 있습니다. 이는 이성을 과학적·수학적·실증적인 것으로만 보는 근대 계몽주의의 좁은 의미의 정의(foundationalism)의 산물이라 볼 수 있습니다. 그러나 실제로 이성이란 하나님이 인간에게 주신 선물로서 인간을 동물과 구별하는 중요한 능력이며, 또 인간의 생존과 번영을 위해서 필수적인 것입니다. 이성이란 합리성이며, 합리성이란 특정 시간과 공간이라는 상황 안에서 부여된 경험과 자료를 놓고 제기된 문제에 대해 가장 적절하고 타당한 해결책을 찾는 것입니다. 따라서 이런 의미의 이성은 수학적·자연과학적 실증과는 달리 실천적이고 실용적인 것입니다. 이는 위에서 말한 분별과도 밀접한 관계가 있습니다.

성화된 이성을 사용한 분별이 무엇인지 알기 위해서는 사도 바울의 사역을 살펴볼 필요가 있습니다. 사도 바울은 기독교의 이론적 기초 정립은 물론 그레코로만 사회에 기독교적인 세계관을 제시하는 데 크게 공헌한 사람이었습니다. 그는 기독교의 우수성을 유대교는 물론 스토아학파, 에피쿠로스학파 등과 같은 그리스 철학과 잘 대조하여 설파함으로써 유럽에 기독교가 뿌리내리도록 하는 데 결정적인 역할을 하였습니다. 사도 바울은 자신의 성장배경과 학문 연구를 통해서 로마 사회와 유대교의 철학, 종교, 관습, 문화를 잘 알고 있었습니다. 그는 스스로를 하나님의 동역자라고 소개할 만큼 하나님과 친밀했고, 동시에 하나님 나라를 사모한 깊은 공적 영성의 소유자였습니다. 복음전파에 있어서 사도 바울의 접근법은 다른 철학이나 종교를 일방적으로 무시하거나 백안시하기보다는 이들과 기독교와의 공통점이나 근사점을 활용하여서 기독교의 진리를 전파하였습니다. 아테네의 제우스 신전에서의 그의 설교가 대표적인 예 중 하나입니다(행 17:22-34 참조). 데살로니가서에서 고백한 것처럼 그의 사역은 초월적인 기적의 역사를 일으킨 성령과 능력만이 아닌 진리의 큰 확신(deep conviction)으로 이루어진 것이었습니다(살전 1:5). 이렇게 영성과 이성이 잘 조화된 바울의 사역을 통하여 기독교는 여러 타 종교, 철학들의 도전을 물리치고 세계적인 종교로 뿌리내릴 수 있었습니다.

로마서 12장: 카리스마와 이성의 조화

사도 바울은 로마서 12장 1-2절에서 그리스도인이 어떻게 성화된 삶을 매일의 현장 속에서 적용할 수 있는가를 설명하고 있습니다. 그는 그리스도인의 윤리는 먼저 유대교의 제의적(祭儀的, cultitc)이고 율법적인 신앙과, 헬레니즘의 이성주의적이고 추상적인 윤리와는 분명히 다르다는 것을 말합니다. 그리스도인의 삶은 전통에 얽매이거나 인간의 이성적 판단만 의존하는 것이 아니라 성령의 인도에 순종하면서도 이성적 분별력을 공동체 안에서 사용하여 하나님의 뜻을 찾아가는 것입니다.

(1) "너희 몸을 하나님이 기뻐하시는 거룩한 산 제물로 드리라 이는 너희가 드릴 영적 예배니라." 사도 바울은 드라마틱하고 역설적인 방법으로 레위기에 나와 있는 제의적 희생 제사의 이미지를 재구성함으로

써 기독교윤리의 의미를 정의하고 있습니다. 성령 안에서 이제 율법은 우리 밖에 있는 것이 아니라 하나님과의 살아있는 관계, 곧 소통의 관계를 통해 우리 안에 유기적으로 살아있으며, 이는 하나님과 이웃을 사랑하고자 하는 의지로 표현됩니다.

"몸"을 드리라는 것은 하나님이 원하시는 예배가 우리의 감정, 의지, 지식, 노력, 행동의 어느 한 부분이 아니라 우리의 전 존재와 삶이라는 것입니다. 우리의 삶 전부가 하나님께 드려지는 하나의 예배로서, 이를 위해 우리는 자신을 준비하고 또 하나님의 영광을 위해 우리의 삶을 드리는 것입니다. 마치 예수님이 십자가에서 자기 몸을 하나님께 드린 것처럼 말입니다. 몸을 드리라는 말은 몸이 창조세계에서 활동하는 모든 영역—의식주, 가정, 부부, 자녀, 친구, 직장, 사회활동 등—을 하나님께 대한 제사의 영역으로 삼으라는 것입니다.

"거룩한"이란 세상과 구별되라는 의미인 동시에, 삶의 모든 부분을 하나님의 창조 의도대로 회복시키라는 것입니다. 즉 세상과의 구별 못지않게 하나님의 보편적인 도덕적 의지를 따르는 것을 의미합니다. 예를 들어 정치는 공의와 정의를 행하고, 경제는 새로운 재화의 생산뿐만 아니라 균등한 분배와 가난의 퇴치에 관심을 둘 것 등을 말합니다. 동시에 거룩함이라 하는 것은 하나님이 창조한 생명들의 고귀함(sanctity)을 인정한다는 의미도 있습니다. 이는 다른 사람들이나 창조물들을 수단 또는 소모품처럼 여기거나 이용하는 것이 아니라, 모든 생명체를 존중하라는 것입니다.

"산 제물"(living sacrifices)이란 뜻은 그리스도인의 예배의 현장이 성전만이 아니라 몸이 활동하는 모든 현장이라는 것을 뜻합니다. 우리

몸이 성령이 거하시는 하나님의 성전이 되어서 구약의 성전 안의 제의적인 예배가 이제는 삶 속에서의 영적인 제사로 드려지는 것입니다. 세상에서 도피하지 않고, 세상 속에서 우리의 할 바와 소명을 찾아 행하는 것이 산 제물의 제사입니다. 산 제물의 제사는 오직 우리가 성령 안에서 하나님과 개인적으로 친밀하면서도(personal) 사회 안에서 공적인(public) 자세의 삶을 살아갈 때에만 가능한 것입니다.

(2) "너희는 이 세대를 본받지 말고 오직 마음을 새롭게 함으로 변화를 받아 하나님의 선하시고 기뻐하시고 온전하신 뜻이 무엇인지 분별하도록 하라." "이 세대를 본받지 말고"란 오늘 이 시대의 그릇된 문화적 가치, 기준, 흐름들을 따르지 말라는 뜻입니다. 본문에서 "마음"으로 번역되는 헬라어 누우스(*nous*)는 "이성" 또는 "판단력", "비판력"(영어로는 mind, rationality, critical judgment로 번역)을 뜻하며, "마음을 새롭게 함"(renewal of mind)이란 갱신된, 또는 성화된 이성을 의미하는 것입니다. 사도 바울은 신앙생활에 있어서 이성과 지성을 사용한 성도의 판단과 결정, 상호분별을 무시하지 않았습니다.[6] 오히려 그리스도인이 어떻게 살아야 하는가를 설명함에 있어서 성령의 음성과 성서와 전통에 바탕을 둔 우리의 지혜가 함께 균형을 이룰 것을 강조하고 있습니다. 그의 윤리에서 이성은 성령과 배타적이지 않으며, 오히려 성도들의 삶 속에서 하나님의 뜻을 분별하는 데 중요한 역할을 하고 있습니다.

이런 성령과 이성에 대한 바울의 이해는 삼위일체 하나님에 대한

---

6 James Dunn, *Romans 9-16*, Word Biblical Commentary, Vol. 38 (Dallas: Word Books, 1988), 735.

이해에 바탕을 두고 있습니다. 삼위일체 하나님 안에서 성령과 이성은 서로 적대적인 것이 아닙니다. 성령은 창조의 영으로서 우리가 추구해야 할 바른 인생의 목적을 깨닫게 하심으로써 하나님이 인간에게 주신 이성적 판단을 예리하게 만드십니다. 또한 우리로 하여금 예수 그리스도를 만나고 섬기게 하심으로써 우리 삶의 목적을 변화시키고, 이 목적 안에서 우리의 이성이 바르게 사용되도록 이끌어주십니다. 성령의 사역이 하나님의 창조의 영광을 회복시켜가는 것이라면, 이성은 아마 그 회복의 가장 으뜸 된 대상 중에 하나일 것입니다. 왜냐하면 우리는 이성이 회복되어야 바른 판단을 내리며 이 세상 속에서 청지기의 역할을 제대로 감당할 수 있기 때문입니다. 하지만 여기서 "마음(이성)을 새롭게 함으로"란 이성만을 의지하라는 것이 아닙니다. 이성의 사용과 내주하시는 성령에 귀 기울이는 일을 같이 함으로써 상황판단을 하는 데 예민해질 뿐만 아니라 상황을 더 깊이 이해하는 것입니다.

또한 2절에서 말하는 "분별하도록 하라"는 것은 확인해보고 구별하라는 말로서 이는 성도들이 세상에서 살아가기 위해서는 분별이 꼭 필요하다는 것을 강조하는 것입니다. 또한 여기서 말하는 분별은 어느 한 개인의 영적 분별을 말하는 것이 아니라 교회 공동체의 구성원들이 함께 하나님의 뜻을 찾아가는 것을 말합니다. 그리스도인의 삶에 있어서 성령의 내적 인도하심과 성화된 이성을 함께 사용하는 것은 꼭 필요한 일입니다. 우리가 성화된 이성을 사용할 때만 그릇된 미신적 미혹이나 감정적인 판단 미숙으로 인한 실수를 막을 수 있습니다. 모든 그리스도인들은 영적 은사를 받는 카리스마적인 존재들입니다. 그들은 그리스도의 몸에 속하여 서로의 은사를 합력함으로써 하나님의 뜻을 온전히 이루어가도록 부름 받았습니다. 그러므로 공동체적인 이슈를 결정하는 데 있어서 어느 한 개인에게만 전적으로 의지하고 나머지는 무작정 따라가는 것이 아니라, 공동의 문제에 대해 함께 머리를 맞대고 성령의 인도와 지혜와 이성적 판단을 나누면서 하나님의 뜻을 찾아가는 것입니다.[7] 그런데 공적 영역에서 하나님의 뜻을 분별하는 일이 항상 쉬운 일은 아닙니다. 그것은 성서에 대한 깊은 이해와 동시에 일어나는 사건의 인과관계에 대한 깊은 사회과학적 지식과 통찰력이 필요하기에, 서로의 지혜와 힘을 모아야만 합니다.

"선하고 기뻐하시고 온전하신"(the good and acceptable and complete)이란 신앙인들이 함께 하나님의 뜻을 분별함에 있어서 추구해야 할 기준들을 말해줍니다. 여기서 "선하고"란 모든 사람들의 양심이 함께 인정해줄 수 있는 도덕적 보편성을 의미하며, "기뻐하시고"란 "하나님이 원하시고 받으실 만한"이란 의미로서 성경을 통해 나타난 변함없는 하나님의 뜻으로 이해하면 됩니다. 마지막으로 "온전한"(complete, *teleios*)이란 우리 자신을 향한 하나님의 뜻과 계획을 이루는 데 공헌하는 것이 무엇인가를 생각하라는 것입니다. 따라서 "선하시고 기뻐하시고 온전하신"이란 말 속에는 이성적·객관적 요소와 성령이 우리 개개인에게 관여하시는 주관적·구체적인 요소가 함께 어우러져 있습니다.

요약하자면 로마서 12장 1-2절은 앞서 말한 창조와 구원, 이성과 영성, 친밀성과 공적 영성의 조화가 왜 동시에 필요한지를 잘 보여줍니다. 유대인들의 윤리가 과거에 성전을 중심으로 모세의 계명과 율법 속

---

7 같은 책, 734.

에 사는 것이었다면, 그리스도인들은 이제 창조된 세상을 무대로, 성령의 음성과 비판적 이성을 잘 사용하여 하나님의 뜻을 분별하며 사는 것입니다. 사도 바울은 이성과 영성을 조화시키는 것을 통해서 그리스도인이 살아가는 삶의 모든 영역을 산 제물의 영역으로 승화시켰습니다. 이런 면에서 그의 윤리는 성전 중심과 제의(祭儀)주의를 뛰어넘어 종말론적인 지평 안에 세워진 것이었습니다. 로마서에 나타난 사도 바울의 윤리는 내세 지향적인 도피주의와 개인적 경건주의를 배척하는 동시에 또한 비역사적인 열정적·감성적 도피주의 또는 도취주의를 경계합니다. 오히려 이 비전 안에 사는 신앙인들은 종말론적인 사람들로서 성화된 이성을 사용한 분별을 통해 구체적인 현실의 변화를 성령 안에서 추구해나가는 자들인 것입니다.

### 7) 카리스마적 목회 리더십의 공적 승화

상대적으로 개신교의 역사가 짧고 개교회 중심주의 경향이 강한데다가 주로 개척을 통해 성장한 한국 교회 목회자들의 리더십은 카리스마적 리더십 모델을 따르는 경우가 많습니다. 카리스마적 리더십은 전통이나 제도, 법률에 의하기보다는 개인의 능력, 자질, 선견과 통찰력에 전적으로 의지하는 리더십입니다. 한국 교회가 위기를 극복하고 건강하게 발전하기 위해서는 카리스마적 리더십에 대한 바른 평가와 창조적 극복이 필요합니다.

카리스마적 리더십은 장점과 단점을 동시에 갖고 있습니다. 이는 위기관리 리더십으로서 사회나 조직이 위기에 직면하여 급속한 대응을 필요로 할 때 나타납니다. 이것은 기독교에서는 신앙 개혁운동의 초기에 나타나는 현상으로서 기존의 제도화된 종교적 틀을 뛰어넘어 새로운 현실에 창조적으로 대응하고자 할 때 큰 효과를 볼 수 있는 리더십 유형입니다. 카리스마적 리더십은 지도자 한 사람의 직관과 결단에 의지하기에 의사 결정이 신속하고 빠르지만, 지도자 한 사람의 잘못된 판단은 조직에 그만큼 큰 피해를 가져오고, 또 한 사람의 카리스마적 능력에 조직 전체가 좌우되기에 조직의 생기가 저하될 가능성이 높습니다. 또 효율성을 강조하여 절차와 과정은 무시하고, 이러한 과정에서 투명성을 잃기 쉽습니다. 물론 지도자의 능력이 특출하고 헌신적이며 청렴하여 공적인 이익을 추구할 때는 별 문제가 없습니다. 하지만 그렇지 못할 때는 지도자 한 사람에게 집중된 권력과 그 주변의 소수 측근들에 의한 부패와 부정을 피하기 어렵습니다. 카리스마적 리더십 모델은 지도자 본인의 철저한 자기관리와 절제의 내공이 없이는 부패로 흐르기 쉽습니다. 따라서 카리스마적 지도자는 항상 하나님과의 친밀성을 유지하고, 사역의 공공성과 투명성을 유지할 장치를 스스로 갖추며, 또 다음 세대에 물려줄 신앙의 유산을 생각하지 않으면 안 됩니다.

하지만 대부분의 경우 카리스마적 리더십은 지도자 당사자에게 과도한 부담을 안기고 그 결과 그를 탈진하게 만들며, 주변의 사람들이 공식적인 과정을 통해 리더로서 성장하고 발전할 수 있는 기회를 가로막습니다. 또한 많은 경우 다음 세대의 지도자를 양육하는 일을 게을리하고, 그래서 카리스마적 지도자가 사라지는 경우에 리더십의 부재와 혼란을 겪게 됩니다. 한국 교회의 리더십 이양시 생기는 여러 문제는 바로 이런 이유들 때문입니다. 사실 오늘날 한국의 여러 대형교회가 겪는 리더십 이양을 둘러싼 갈등은 오랜 기간에 걸쳐 카리스마적 지도자의 그늘 아래서 형성되지 못한 토론문화와 리더십 훈련의 결여로 볼 수 있습니다. 즉 교회의 평신도 지도자들이 어떤 사안과 문제를 놓고 생각하고 연구하며 자신의 의견을 내놓아 함께 문제를 풀어가는 훈련이 되어 있지 않고, 오로지 지도자의 판단과 명령만을 기다리는 데 익숙해져 있기 때문에 카리스마적 지도자의 부재 후 갑자기 달라진 상황 속에서 어떻게 문제를 대처해야 할 것인가를 알지 못해서 혼란을 겪는 것입니다.

성서는 카리스마적인 리더십과 민주적인 리더십의 결합이 이상적임을 보여줍니다. 또 현대와 같이 여러 전문 분야로 세분화되어 발전하는 사회에서는 카리스마적 리더십과 민주적 리더십의 결합이 가장 이상적일 것입니다. 그것은 최종 판단은 리더가 하되, 그 과정에서 여러 분야의 전문가들의 의견과 참모들의 생각을 자유로이 개진할 수 있도록 제도적인 장치와 함께 정서적인 공감대를 형성하는 것이 중요합니다.

한국 개신교의 목회자들은 자신들의 카리스마를 올바로 사용하여 보다 많은 사람들이 지도자가 될 수 있도록, 특별히 다음 세대의 지도자들이 때에 맞게 잘 준비되는 데에 역량을 집중해야 합니다. 사실상 성령은 민주적인 지도자이십니다. 즉 성령은 모든 성도가 카리스마적이 되기를 원하시며, 각자의 카리스마타(은사)를 키우도록 도우시고 이를 통해서 공동체에 공헌하게 하십니다(고전 12장 참조). 따라서 리더는 자신의 카리스마의 내용과 한계를 잘 알고, 교회 내 다른 사람들─최소한 중직자들과 중간 지도자─의 은사를 키우는 일에 관심을 가져야 조직의 지속된 안정과 발전을 가져올 수 있습니다.

모세의 리더십은 카리스마적이었던 동시에 공적이었습니다. 그의 리더십을 깊이 들여다보면, 모세의 카리스마의 본질이 개인의 자질과 능력에 의지하기보다는 하나님 사랑과 백성 사랑(즉 공적신앙)에 바탕을 두고 있었던 것을 알 수 있습니다. 그의 카리스마가 개인의 언변/달변에 있던 것이 아니라, 하나님의 집에 충성되고(히 3:2) 백성들을 사랑한 데 있었던 것입니다. 또한 그는 카리스마적 지도자였지만, 개인의 사욕과 명예보다는 미래의 비전을 보면서 공동체 전체의 유익과 하나님의 뜻을 위해 일한 사람이었습니다. 이는 그가 죽은 후 그 무덤을 아무도 알지 못했다고 기록한 신명기 34장의 기록을 통해서도 잘 엿볼 수 있습니다.

나아가 그의 리더십에는 책임과 권한을 나누는 민주적인 리더의 모습들이 잘 드러납니다. 그는 자신의 부족한 언변을 아론을 대변인으로 세움으로써 해결합니다. 또 아론으로 하여금 제사장의 직무를 수행하도록 함으로써 리더십을 공유하고, 여호수아와 같은 군사 지도자를 세워 다음 세대의 지도자를 세워가는 모습을 보여줍니다. 뿐만 아니라 십부장, 오십부장, 백부장 등 조직의 리더들을 세운 후 그들에게 권한을 위임하고 백성들을 보살피고 섬기도록 하였습니다. 더욱이 이스라엘 공동체에 십계명과 613가지 조목의 율법을 제시함으로써, 공동체 생활이 개인의 자의적 판단에 의한 것이 아니라 객관적인 규범과 공공성에 따라야 하는 것임을 가르칩니다. 이런 모세의 모습이 한국 교회의 여러 카리스마적 지도자들이 따라가야 할 바람직한 모델이라고 볼 수 있겠습니다.

## 8) 요약: 이기적 신앙에서 성숙한 신앙으로

　패러다임의 재구성 작업은 신학적 성찰의 작업입니다. 이는 한국 개신교의 기복주의, 개인주의, 권위주의의 근저를 구성하는 그릇되거나 병든 의식과 사고와 전제들을 신학적 분석을 통해 과감히 수술하고, 새 뼈대를 놓는 작업입니다. 동시에 이는 교회의 영성 코드를 다시 쓰는 작업입니다. 개신교의 영성 코드를 다시 쓰기 위해서는 영성의 뿌리(근본)와 그 목적 방향성을 다시 정리해줄 필요가 있습니다. 이를 친밀성과 공적 영성이라고 말할 수 있겠습니다. 위에서 살펴본 여러 신학적 내용―창조론과 구원론의 조화, 소통하시는 하나님, 일반 계시와 특별 계시, 성령과 이성의 조화 등―을 정리해본다면 기독교 신앙은 하나님과 친밀(personal)하면서도 공적(public)입니다. 이를 달리 말한다면 구체적이면서도(또는 특별하면서도, particular) 보편적(universal)이라고 할 수 있습니다. 구원론, 특별 계시, 성령, 카리스마들이 특별성의 범주에 속한다면, 창조론, 일반 계시, 이성 등은 보편성의 범주에 속합니다. 친밀성과 구체성이 우리의 신앙 정체성의 영역이라면, 공적 보편성은 사역의 적합성 및 지평과 연결됩니다. 전자가 나무의 뿌리라면 후자는 나뭇잎과 열매라고 볼 수 있습니다. 신앙은 항상 이 두 축이 조화와 균형을 이룰 때 건강하게 자라갑니다. 제1장에서 본 것처럼 한국 개신교의 위기가 정체성과 적합성의 위기라면, 이 위기는 각각 친밀성과 공공성의 회복을 통해 이루어집니다. 하나님과의 친밀성(즉 하나님 사랑)을 통해 우상숭배를 극복하고, 공공성을 통해 이웃을 섬깁니다.

　기독교가 말하는 성숙한 신앙은 친밀성과 공공성의 요소를 공유―

조화시키고 있다고 봅니다.[8] 이는 값싼 은혜에 기초한 무규범주의도, 또 도덕 규범을 궁극적 가치인 양 여기는 율법주의도 아닙니다. 기독교 신앙은 타 종교들처럼 자기 의나 노력을 바탕으로 하는 신앙이 아니라 하나님의 은혜와 그분과의 교제를 바탕으로 합니다. 이를 친밀성(personal intimacy with God)이라고 표현할 수 있습니다. 하지만 이 친밀성이 공적 성격, 이웃과 창조물과의 관계를 잃어버린다면 내세적·신비적으로 흐르게 됩니다. 반면에 공적 영성이 친밀성에 뿌리를 두지 못하면, 이는 소위 말하는 인본주의가 되기 쉽습니다. 정의와 변화, 개혁을 외치지만 성서의 사랑과 샬롬의 비전에서 벗어나거나 아니면 살아계신 성령의 도우심과 인도하심을 의지하지 못할 수 있습니다. 그래서 궁극적으로 이런 개혁은 중도에 탈락하거나 변질되기 쉽습니다. 친밀성과 공적 영성은 상호 견제와 균형을 이루어야 합니다. 친밀성과 공적 영성은 소통을 통해 서로 열려 있습니다. 소통은 친밀성과 공공성에 공히 들어 있는 역동적인 요소입니다. 즉 성숙한 신앙은 하나님과 소통하고 세상과 소통하는 속에서 하나님의 부르심(소명)의 뜻을 찾아 실천하는 것입니다.

가장 좋은 예가 예수님의 영성입니다. 예수님의 영성은 하나님과의 연합(Trinitarian perichoresis)에 깊이 뿌리 내린 동시에 하나님의 나라를 향한 공적 영성이었습니다. 예수님은 항상 하나님과 이웃에 열려 계셨습니다. 예수님의 산상수훈, 놀라운 비유들, 나무와 열매에 대한 가르침(마 7:16-20), 사마리아인의 비유, 죄인과 세리, 창기들과의 식탁 교

---

8  친밀성과 공공성을 달리 표현하면 구체성과 보편성이라고 할 수도 있습니다.

제 등은 이런 하나님과의 친밀성과 공적 영성이 추호의 모순도 없는 하나의 멋진 하모니였습니다. 이런 영성은 바리새인들의 냉랭하고 딱딱한 율법적 종교 생활이나 사두개인들의 현세적인 영성, 열혈당원들의 과열 정치화된 영성, 그리고 에세네파 사람들의 이분법적인 도피적 영성을 뛰어넘는 것이었습니다. 예수님이 가르쳐주신 주기도문에 보면, "하늘에 계신 우리 아버지, 아버지의 이름을 거룩하게 하시며 아버지의 나라가 오게 하시며 아버지의 뜻이 하늘에서와 같이 땅에서도 이루어지게 하소서"라는 간구가 나옵니다. 여기서 예수님은 우리가 기도할 때 하나님을 아버지(*Abba*)라고 부를 수 있는 가장 친밀한 관계를 확증하신 후, 하나님의 주권과 나라가 어느 개인과 교회에 머무르는 것이 아니라 온 땅에 충만하기를 기도하는 공적 차원을 가르쳐주고 계십니다.9

(1) 하나님과의 친밀성과 공공성은 기독교 영성의 핵심입니다. 기독교 영성이 하나님의 성품을 우리 속에 담는 것이라면, 놀라운 것은 이 친밀성과 공공성의 조화의 균형의 비밀이 바로 삼위일체 하나님 안에 담겨 있다는 것입니다. 삼위일체 하나님은 가장 친밀(personal)하면서도 가장 공적(public)인 분입니다. 곧 신비할 정도로 우리와 가까우시면서도 동시에 우주 전체를 다스리시는 가장 공적이신 하나님입니다.

삼위일체 하나님 안에서 우리는 한 사람 한 사람에게 가장 친근하게 역사하시는 성령과 우주 삼라만상을 창조하시고 그것을 통해 궁극적으로 영광 받으실 아버지와 창조의 진리와 섭리이신 아들(로고스,

---

9 십계명도 첫째 계명에서 셋째 계명까지 하나님과의 신실하고 친밀한 관계를 명령한 뒤, 넷째 계명부터 마지막 계명까지는 자연과 모든 인간과의 관계라는 삶의 공적 차원에 대해 말하고 있습니다.

logos)을 만납니다. 친밀함이 성령의 역사의 특성으로 개체성, 구체성(particularity)과 통하는 개념이라면 공공성은 로고스 사역의 특성으로 우주성, 보편성(universality)과 통하는 개념입니다. 삼위일체는 우리로 하여금 하나님의 신비성, 친밀성(구체성)과 하나님의 공적·우주적 보편성을 동시에 경험하게 해줍니다. 우리의 신앙은 이 삼위일체 하나님의 보편성, 친밀성, 진리가 어우러진 하나님의 복합적인 경륜(economy) 안에서 정립되고 자라갑니다. 이런 삼위일체 하나님의 사역 중 어느 한 분이 배제되거나 약화되면 우리의 신앙은 일원론(monism)에 빠지게 되고, 그럼으로써 신앙의 왜곡과 미성숙이 나타날 수밖에 없습니다.

삼위일체 하나님에 바탕을 둔 신앙은 사적이지도 율법적이지도 않습니다. 하나님과의 친밀함(personal)은 사적인 것(private)과는 다릅니다. 또 공적인 것과 율법적인 것은 다릅니다. 오히려 공적 영성은 하나님의 사랑에 깊이 뿌리 내린 가운데 하나님의 의로운 성품, 곧 공적 성품을 닮아가는 성숙한 신앙입니다. 죄란 사적 욕구가 지배하는 상태이며, 세례는 그런 우리의 사적 욕구가 예수 그리스도와 함께 장사되는 것이고, 공적 영성은 그리스도 안에서 새롭게 태어나 자라가는 성도들의 삶의 모습입니다. 이는 성령이 우리 안에서 그리스도의 형상을 만들어가시는 모습입니다. 공적 영성은 성령 안에서 성숙해지는 성화의 모습으로서 외적인 율법에 의해 천편일률적으로 규범화되기보다는 하나님의 영광을 위해 성도들의 은사와 재능이 구체화, 개별화(particularized)되는 것이며 이것이 각자의 삶 속에서는 천직의 모습으로 자연스럽게 나타납니다.

공적 영성은 하나님의 사랑을 향해 서 있습니다. 삼위일체 하나님 안에서 우리는 하나님과 친밀해질수록(즉 성령과의 동행이 깊어질수록) 공적인 사람, 사명의 사람이 되어 갑니다(The more intimate we are with God, the more public we become!). 왜냐하면 성령 안에서의 진정한 삶은 우리를 점차 하나님의 의(義)의 사람, 즉 공적(公的)인 사람으로 만들어 가기 때문입니다. 이것이 기독교의 삼위일체의 영성의 비밀입니다. 성서가 말하는 그리스도의 장성한 분량에 이르기까지 자라간다는 것은 바로 공적 영성의 사람이 되는 것이요 사랑의 사람이 되는 것입니다. 진정코 성령의 음성을 듣고 성령과 교제하고 성령의 깊은 신비를 경험하는 사람들은 공적인 신앙으로 성숙해지며, 이웃과 역사와 함께하는 사람들이 됩니다.

(2) 친밀성과 공적 영성의 균형이란 곧 칭의와 성화의 균형이라 말할 수 있습니다. 죄로 인해 하나님과 분리되었던 관계가 그리스도의 의로 인해 회복되는 것이 칭의(稱義)라면, 성화는 이러한 관계의 회복이 하나님의 진리와 사랑 안에서 그 완성과 합일을 향해 나아가는 것을 말합니다. 따라서 칭의가 관계의 열림이라면, 성화는 관계의 성장과 성숙입니다. 칭의가 하나님의 무조건적인 사랑을 바탕으로 한다면, 성화는 우리의 노력과 헌신을 요구합니다. 성화의 궁극적인 목표는 하나님과의 사랑(합일, communion)입니다. 칭의를 통해 열린 하나님과의 관계는 의(공공성)를 통해 사랑으로 나아갑니다. 이 진행 과정이 곧 성화입니다. 하나님과 우리의 관계성의 궁극적 지향점이 사랑일지라도 의(공공성)가 결여된 사랑은 인정과 연, 또는 낭만적 감정에 불과합니다. 따라서 칭의만 있고 성화가 결여된 신앙은 사랑은 강조하되 사랑을 지속시켜주는 규범의 틀은 없기에 감정과 값싼 은혜로 전락하고 맙니다. 따라

서 그리스도인의 삶에서 칭의와 성화는 동전의 앞뒷면과 같은 관계에 있습니다.

(3) 하나님과의 친밀성과 공적 영성은 성서가 말하는 소명(calling)이 무엇인지를 잘 설명해줍니다. 성서에 나타난 하나님의 사람들의 소명의 현장은 공히 하나님과의 친밀한 만남의 현장이자 사회의 고통과 아픔에 대한 공적 응답의 현장이었습니다. 하나님의 부르심에 추상적이거나 현학적인 것이란 없습니다. 하나님은 역사와 사회의 구체적인 현장과 공동체에서 할 일들을 보시며 당신의 사람들을 부르셨습니다. 아브라함, 모세, 다윗, 이사야, 예레미야 등은 모두 공동체의 비전을 향해 부름을 받은 사람들이었습니다. 따라서 이들의 소명 속에는 하나님의 세밀한 음성을 들은 깊은 만남이 있었던 동시에, 개인의 영달과 안락을 뛰어넘는 인류 공동체 속에서의 공적(public) 사명이 존재했습니다. 아브라함의 부름에서 우리는 모든 백성에게 복의 근원이 되라고 하시는 하나님의 공적 사명을 봅니다. 모세의 부름에서 우리는 바로와 그의 정치권력에 대한 하나님의 공적 심판과 아울러 노예되었던 백성들을 통해 새로운 제사장 백성, 열방의 빛으로 삼으시고자 하는 하나님의 공적인 뜻을 봅니다. 사사, 선지자들을 부르신 모습에서도 하나님과의 친밀성과 공적 소명의 같은 패턴을 만납니다.

(4) 하나님과의 친밀성과 공적 영성은 성서에서 언약(covenant)으로 구체화됩니다. 언약은 하나님이 공적 목적을 위하여 부른 사람들과 맺는 친밀한 (구체적) 약속이었습니다. 노아, 아브라함, 모세, 다윗, 이스라엘 백성 등 모두가 언약의 사람들이었습니다. 언약은 특정 개인과의 약속이었지만 그 영적·도덕적 지평은 모두 공적이고 역사적이었습

니다. 하나님은 개인의 축복만이 아닌 온 인류의 축복을 위해 그들을 부르시고 언약을 맺으셨습니다. 이스라엘을 부르신 것도 그들이 위대하고 훌륭해서가 아니라 오히려 연약한 그들을 통해 세상을 향한 하나님의 공적 목적을 이루시기 위함이었습니다. 하나님은 그들이 열방의 빛(사 42:6; 60:1-3)이 되기를 원하셨습니다. 그들의 삶의 내용을 보고서 온 세상이 하나님께 돌아오고, 살아계신 진리의 하나님을 깨닫기를 원하셨습니다. 즉 하나님은 언약의 사람들과 백성들을 통해 세상과 소통하셨습니다. 불행히도 이스라엘은 그 목적을 잊어버리고는 마치 하나님의 선택이 자신들의 특권인 양 착각하고 자기 의에 빠져서 스스로를 세상과 구분함으로써 하나님의 소통자로서의 역할을 거부했습니다.

하나님의 세밀한 음성과 사람들의 고통에 대한 인식이 함께 만나는 성도의 부름의 현장은 곧 예수님이 말씀하신 율법의 두 가지 대강령인 하나님 사랑과 이웃 사랑이 그리스도인 각자의 정체성 안에서 부르심(소명)으로 자연스럽게 어우러지는 신앙경험입니다. 공적 영성으로의 신앙 패러다임의 전환은 성서와 무관한 외부의 이질적 사상과 철학의 강요(imposition)가 아니라, 기독교 신앙의 가장 핵심적인 강령인 하나님 사랑과 이웃 사랑에 바탕을 둔 것입니다. 그리스도인은 세례를 받는 순간부터 "하나님의 사람", 즉 공적인 사람이 되고 "하나님 사랑과 이웃 사랑"에 이끌려 사는 신앙의 여정에 들어서게 됩니다.[10] 사도 바울은 "우리는 그의 만드신 바라. 그리스도 예수 안에서 선한 일을 위하여

---

10 "너희는 유혹의 욕심을 따라 썩어져 가는 구습을 좇는 옛 사람을 벗어 버리고 오직 심령으로 새롭게 되어 하나님을 따라 의와 진리의 거룩함으로 지으심을 받은 새 사람을 입으라"(엡 4:22-24).

지으심을 받은 자니 이 일은 하나님이 전에 예비하사 우리로 그 가운데서 행하게 하려 하심이니라"(엡 2:10)는 말씀을 통해 우리에게 선한 일(공적 사업)에 힘쓸 것을 권하고 있습니다.

## 9) 언더우드의 공적 영성

한국 개신교의 새로운 패러다임의 구성이 하나님과의 친밀성과 공적 영성의 조화에서 이루어져야 한다면, 우리는 이를 언더우드 선교사의 사역에서 찾아볼 수 있습니다.

언더우드는 하나님과의 친밀성과 공적 영성을 소유한 균형 잡힌 신앙인이었습니다. 일찍이 그의 모교인 뉴브런스웍 신학교와 모교회인 그러브 개혁교회(Grove Reformed Church)에서 배운 언더우드의 개혁신앙은 복음을 전인적·통전적으로 이해하여 개인 영혼의 구원과 사회의 성화를 분리하지 않았습니다. 40여 개가 넘는 교회를 개척하고 수차례에 걸쳐 한반도 북부지역 전도 여행을 감행하였으며 성서 번역과 의료 선교 등 복음 전도의 일 외에도, 영한·한영사전 편찬 및 기독교 신문을 발간(1901)하였고 농업정보와 기술 등을 제공하였습니다. 1896년 고종탄생일을 공식적 기독교 행사로서 축하한 일, YMCA를 창립하고 「코리안 리뷰」의 편집장을 맡은 일 등은 언더우드가 하나님 나라를 사랑한 친밀성과 더불어 공적 영성의 소유자였으며, 그의 한국에 대한 관심이 사회 전체의 변화였던 것을 알 수 있습니다.

언더우드의 공적 영성은 그의 에큐메니컬 정신에도 잘 나타나 있습니다. 그는 학생시절 구세군에서 봉사하였고 또 학생선교대회에서 감리교 선교사 후보생 아펜젤러를 만나 선교의 꿈을 나누었습니다. 두 사람은 같은 날 제물포(지금의 인천)에 도착한 것은 물론 아펜젤러의 집에서 함께 재한(在韓) 선교사들을 위한 기도회를 갖고(1885), 후에는 한반도 북부 지역을 함께 여행(1888)하기도 하였습니다. 언더우드의 에큐메니컬 정신은 캐나다 장로교가 한반도 북부지역 선교를 수행할 수 있도록 협조한 일과 세계선교대회에 참석하여 한국 선교사 모집을 위해서 일했던 것에서도 잘 알 수 있습니다.

언더우드 선교사는 교회 설립과 개인 전도에 힘쓰는 동시에 한국의 기독교화(Christianize)를 위해 앞장섰습니다. 그는 깊은 신앙을 바탕으로 하여 사회, 교육, 문화, 출판 등의 여러 활동을 왕성하게 전개함으로써 개신교를 한국 사회에 꼭 필요한 매력 있는 종교로 소개했습니다. 언더우드의 신앙은 한국 교회만이 아닌 한국 민족과 나라를 함께 가슴에 품는 공적 신앙이었습니다. 그는 젊은 나이에 이미 하나님을 위해 자신의 생애를 드리기로 결심하였고, 하나님에 대한 깊은 신앙은 한국 민족과 아시아인을 사랑하는 마음을 통해 한껏 불타올랐습니다. 그의 비전 속에는 교회만이 아닌 크리스천 코리아(Christian Korea)가 있었습니다. 크리스천 코리아는 그 기층이 되는 에너지를 교회에서 제공받되, 그리스도인들이 각계각층에서 활동함으로써 그리스도의 주권을 인정하고 하나님의 뜻을 이루는 나라입니다. 그는 말하기를 "나는 오늘 내 눈앞에서 새로운 한국을 명약자명하게 바라볼 수 있습니다. 이 새 한국은 악정과 무지와 미신의 굴레로부터 정치적·정신적·영적으로 완전히 해방된 그런 나라, 곧 크리스천 코리아입니다."[11]

언더우드는 삼천리강산 방방곡곡에 교회가 세워지는 것과 더불어 한국 사람들의 손으로 학교와 병원과 여러 기독교 사회단체가 세워져 고통 속에 있는 이들과 병들어 죽어가는 사람들에게 그리스도의 사랑을 전하는 동시에 교육과 사회활동을 통해 한국을 정신적·사회적·제도적으로 기독교화하기를 원했습니다. 그는 한국 사람들을 교회에 데려오기 위한 수단으로만 학원, 의료 사업에 힘쓴 것이 아니라 진정 이들을 사랑하는 마음으로 그런 일들에 힘썼습니다. 언더우드는 하나님 안에서 한국인들을 사랑했습니다. 그러기에 친척들마저 돌보기 어렵다고 버린 소년 김규식을 자신의 양자로 삼았고, 목숨을 걸고 콜레라에 걸린 사람들을 돌보며, 또한 일본에 의한 암살의 위험으로부터 고종을 보호하기도 했습니다. 이런 공적 영성의 신앙이 한국 사람들의 마음을 움직이고 그들을 하나님께로 이끈 것이었습니다. 또한 언더우드는 언제나 미래를 내다보았습니다. 고아원을 세우되 이를 후에는 경신학교로 바꾸어 고아들에게 의식주의 문제해결만이 아닌 교육을 통해 그들이 나중에 생활의 자립을 이루고 사회에 공헌할 수 있는 길을 열어주었습니다. 또, 에비슨과 같은 인재를 설득해서 한국에 데리고 와 한국 사회에 의학기술과 치료가 광범위하게 제공되게 했으며, 상과를 중심으로 하는 연희전문학교를 세워 장차 무역과 상업을 통해 한국 사회가 발전하도록 기반을 열어주었습니다. 이렇듯 언더우드의 공적 영성은 빠른 시일 내에 개신교가 한국인들의 가슴속에 뜨겁게 각인되는 데에 큰 역할을 하였습니다. 그리고 한국 초기 교회와 믿음의 선진들은 언더우

---

11 H. G. Underwood, "Twenty Years of Missionary Work in Korea", *Korea Field* (Nov., 1904): 205-210.

드의 정신을 이어받아 우리 민족의 고통과 아픔의 역사적 현장에서 하나님의 부르심을 깨닫고 정치, 경제, 사회, 문화, 교육, 의료 등의 모든 분야에서 공적 사명을 감당했습니다.

언더우드 선교사의 사역에 비추어볼 때 우리는 오늘의 한국 개신교가 그 초기정신에서 얼마나 멀어져 있는가를 알 수 있습니다. 한국 개신교는 언더우드의 영혼 구원의 열정, 선교의 열정을 물려받았지만, 그의 공적 영성과 에큐메니컬 정신을 점차 잃어버렸습니다. 그리스도를 위해서 작은 교파적 차이를 뛰어넘고, 또한 한국인을 진정으로 사랑하고 한국인 가운데에 그리스도의 성육신의 모습을 실천했던, 그리고 사회변혁과 전도의 열정을 조화시켜서 우리 민족에게 새로운 비전을 제시하고 복음의 살아있는 위력을 보여주었던 그의 신앙 패러다임을 우리는 오늘의 위기 속에서 깊이 생각해볼 필요가 있습니다. 이스라엘 백성들이 바벨론에 포로로 끌려갔을 때에 아브라함, 이삭, 야곱의 언약을 생각하고, 하나님의 출애굽의 역사와 시내 산의 언약을 다시 기억하여 미래에 대한 소망을 찾은 것처럼, 한국 개신교도 언더우드의 신앙과 목회사역 속에서 오늘의 위기를 헤쳐나갈 새로운 방향을 찾아야 할 것입니다.

그렇다면 언더우드의 신앙의 패러다임은 어디에서 왔으며 어떻게 형성되었을까요? 언더우드의 신앙은 칼빈의 개혁주의 전통에 뿌리를 두고 있으며, 이는 그가 태어난 미국과 영국의 청교도적 신앙의 전통과 궤를 같이 하고 있습니다. 이를 위해 다음 장에서는 청교도의 신앙을 살펴보고자 합니다. 우리는 청교도 정신 속에서 언더우드 신앙의 정향성을 찾을 수 있으며, 동시에 영국과 미국을 근대화시킨 기독교 신앙의 큰 동력(動力)을 만날 수 있습니다. 따라서 청교도 신앙을 살펴보는 것은 오늘날 한국 개신교가 한국 사회 속에서 다시 영적·도덕적 영향력과 리더십을 찾는 데 여러 좋은 방향을 제시해줄 것입니다.

제4장

# 청교도들에게서 배운다

하나님과의 친밀성과 공적 영성을 한국 개신교의 새로운 패러다임의 핵심 내용으로 삼는다면, 이를 토대로 한 신앙의 모습은 어떠할까요? 이 장에서는 한국 개신교의 패러다임을 재구성하는 데 도움을 줄 수 있는 모델로 "청교도 신앙"을 소개하고자 합니다. 청교도 신앙은 철저한 하나님 주권 중심의 신앙과 신앙의 공적 차원을 강조하는 신앙 전통으로, 오늘날 한국 개신교가 당면하고 있는 정체성과 적합성의 문제를 해결할 많은 아이디어를 제시해주고 있습니다. 근대 서구 문명의 뿌리를 제공해준 청교도 신앙은 한국 개신교로 하여금 오늘날 한국 사회에서 진행되고 있는 다양한 변화의 리듬과 요구에 적절히 대응할 수 있는 패러다임을 형성하는 데 필요한 신학적 바탕을 제공해줍니다.

청교도 신앙은 하나의 교단(denomination)이나 단일 종교 조직이라기보다는 특정한 신앙적 확신과 고백 위에서 교회와 사회를 개혁하려는 풀뿌리 신앙 운동이었습니다.[1] 이 운동은 영미 사회로 스며들어 서구 문명의 변화를 가져온 힘이 되었습니다. 마치 초기 한국 개신교가 근대화, 반일운동, 계몽운동 등을 통해 우리 민족의 선각자적 역할을 했듯, 청교도 신앙은 근대 영미 문명의 초기에 사회 전반에 새로운 세계관(worldview)을 가져다주었습니다. 즉 청교도 신앙의 종교적 세계관이 가지고 있는 통합적인 안목, 비판 능력, 그리고 세계와 삶에 대한 변혁의지와 실천성은 근대 민주주의와 자본주의의 정신적 버팀목과 바탕을 제공해주었습니다.[2]

한 예로, 미국이 짧은 역사에도 불구하고 세계 제일의 부강한 나라가 된 이유 중 하나가 청교도 신앙의 비전과 세계관, 윤리의 영향이 었음을 간과할 수 없습니다. 영국 왕실과 국교의 박해를 피해 자유로운 신앙생활을 영위할 목적으로 대서양을 건너온 청교도들은 전통적 사회를 허물고 신앙 안에서 새로운 세계 건설을 꿈꾼 사람들이었습니다. 그들은 단순히 자신들의 신앙의 자유만을 위해 미국에 온 것이 아니라, 낡고 부패한 유럽 사회를 대신할 하나님의 거룩한 사회(holy commonwealth)를 새로운 땅에 건설하고자 온 것이었습니다. 사실 민주주의, 자본주의로 대변되는 현재 미국의 문명은 미국 땅에 온 청교도들, 곧 필그림들이 정착한 매사추세츠, 코네티컷 등지를 중심으로 점차 서쪽과 남쪽으로 확산되고 뻗어가면서 개발되기 시작한 것입니다. 랄프 에머슨으로 대표되는 미국의 실용주의 철학이나 미국의 삼권분립, 미국 독립선언서와 헌법에 나타난 인권사상 등이 모두 청교도 신앙에

---

1 청교도 신앙은 후에 회중주의, 장로교, 침례교, 퀘이커주의 등으로 발전하였고, 스펄전, 웨슬리, 조나단 에드워즈 등의 신학에 큰 영향을 주었습니다.

2 Max L. Stackhouse, *Creeds, Society, and Human Rights* (Grand Rapids: Wm B. Eeradmans Publishng Co. 1984).

큰 영향을 받았습니다.³ 알렉시스 토크빌에 의하면, 미국 민주주의의 근간을 이루는 시민사회는 청교도들을 중심으로 한 여러 개신교인의 왕성한 활동 속에서 무럭무럭 성장하였다고 합니다.

오늘날의 지식인층에는 청교도 신앙에 대한 여러 부정적인 견해와 편견들이 존재합니다. 비그리스도 지식인들 중에는 청교도 신앙을 금욕과 자기 억제, 또 마녀 사냥 등으로 삶의 재미와 즐거움을 부정한, 편협하고 독단적인 종교 집단으로 여기는 자들이 있습니다.⁴ 혹자는 이미 지나간 옛날의 케케묵은 영미의 청교도주의가 오늘의 한국 사회에 무슨 적합성이 있냐고, 또는 이를 따르는 것은 한국적 신학을 저버린 사대주의가 아니냐고 따질 수도 있습니다. 물론 17세기의 청교도 신앙이 오늘의 한국 교회에 문자적으로 적용될 필요는 없습니다. 또 오늘날과 같은 종교다원주의 사회에서 신정론적(theocratic)인 경향이 강한 청교도적 윤리가 옛날 방식 그대로 사회 전체에 적용되기는 어렵습니다. 하지만 그럼에도 불구하고 청교도 신앙의 가치와 윤리관은 지금도 충분한 적합성과 실용성이 있습니다. 그 이유는 다음과 같습니다.

첫째, 청교도 신앙은 오늘날 한국 개신교가 절실히 필요로 하는 공적 영성의 회복에 도움이 될 만한 여러 혜안(insights)을 제공해주기 때문입니다. 청교도 신앙이 봉건사회에서 근대사회로 넘어가는 시대에

---

3  이런 미국 내 청교도들의 깊은 영향을 일컬어 미국은 아직도 끝나지 않은 청교도 정신의 실험장이라고 합니다.
4  반면에 한국 개신교인들 사이에는 청교도들의 역동성 있는 신학과 신앙의 깊은 이해 없이 그저 이들이 영국에서 미국으로 이주해와서 먼저 교회당을 지었다는 것과 신앙의 핍박을 이겨내어 축복을 받았다는 단편적인 일화들만이 소개되는 경우가 많습니다.

영미, 기타 유럽의 신앙인들에게 근대적 세계관을 제공해주었던 만큼, 오늘날 한국과 같이 민주주의 제도의 정착을 놓고 씨름하는 현장에서 성도들의 삶에 윤리적 방향성을 주는 것은 물론이거니와 교회가 사회적 리더십을 발휘함에 있어서 중요한 공헌을 할 수 있다고 봅니다. 청교도 신앙은 단순한 신학 이론이 아니라 실제 역사 속에서 실천되었던 신앙적 세계관인 만큼, 분명 오늘 한국 사회와 교회의 상황에 큰 도움을 줄 수 있을 것입니다. 오늘날 미국 개신교의 여러 교회가 침체하는 이유도 결국은 하나님 중심의 청교도 신앙과 평신도 교육의 강조가 점점 약해져서 일어나는 문제라고 보입니다. 경제적인 안정과 충분한 여가, TV, 인터넷 등은 점점 하나님을 찾는 마음을 약하게 하고 교회에 모이기를 등한시하게 합니다. 한 걸음 더 나아가 최근에 조지 부시 대통령이 벌인 이라크 전쟁과 재정위기 사태에서 볼 수 있는 것처럼 교회들의 약화와 청교도적인 공적 영성의 쇠퇴는 미국 민주주의의 위기를 가져오고 있습니다. 따라서 민주주의의 뿌리가 되는 시민 정신이 자본주의의 물량주의, 상업주의에 의해 손상되고 있는 이때, 청교도 신앙은 오늘의 영미 사회 내에서도 그 재발견과 재구성이 절실히 필요하다고 생각합니다. 실제로 미국 사회의 윤리와 도덕이 해이해진 모습을 심각히 느끼는 가운데 천직사상에 대한 많은 책들이 최근 미국 기독교계에서 출판되고 있고 또 재정대란을 맞이하여 미국의 중산층들이 고통을 당하고 있는 요즈음, 청교도 정신의 부활은 민주주의 전통의 재발견과 부흥이라는 점에서 중요한 의의가 있다고 봅니다.

둘째, 청교도 신앙은 언더우드 선교사가 가졌던 영성과 맥을 같이 하기 때문입니다. 언더우드는 화란 개혁신앙 전통에 뿌리를 둔 개혁교회에서 자랐고, 또 개혁신앙 전통의 신학교인 뉴브런스윅 신학교에서 3년간 목사가 되기 위한 공부를 하며 개혁주의 전통에 대해 깊이 이해하게 되었습니다. 그가 복음 전파와 교회 설립 등의 신앙적 영성뿐만 아니라, 교육사업(경신학교, 연희전문학교의 설립), 문화사업(신문 편찬, 사전 발간) 등의 공적 사역에 힘썼던 것은 청교도들의 개혁신앙 전통을 이어받았기 때문이었습니다. 이런 면에서 청교도 사상에 대한 성찰은 한국 초기 개신교의 정신을 되살리는 데 큰 역할을 할 것입니다.

셋째, 청교도 신앙은 한국 개신교회가 표면적으로 견지하고 있는 여러 교리와 일치하는 입장을 가지고 있기 때문입니다. 즉 교리적으로 볼 때 하나님의 절대주권, 성서 중심, 개인과 하나님의 관계 강조, 죄론 등은 한국 교회가 표명하는 바와 같은 점이 많습니다. 즉 청교도 신앙의 바른 이해는 한국 개신교로 자기 신학적 전통의 본류로 되돌아간다는 면에서도 남다른 장점이 있습니다. 다만 한국 개신교의 경우 청교도 신앙과 달리 이런 교리들의 윤리적이고 실천적 측면이 몹시 빈약하여, 교리와 영성 사이에 많은 괴리현상을 낳고 있다는 점이 큰 차이라고 할까요? 청교도 신앙이 한국 개신교 내의 이 괴리를 바로잡는 데 많은 도움을 줄 수 있을 것입니다.

## 청교도 신앙의 역사적 기원, 발전, 공헌

청교도 신앙은 종교개혁, 그 가운데서도 칼빈의 개혁적 신학(오직 성경, 오직 믿음, 오직 은혜)에 뿌리를 두고, 1560년경 영국의 엘리자베스

1세하에서 시작된 종교 정화 운동입니다. 영국 종교개혁의 좌파를 형성한 단체들이 엘리자베스 여왕의 미온적인 종교개혁에 불만을 갖고 제네바의 칼빈의 모델을 따라 더 철저한 종교개혁을 요구하였습니다. 이들은 영국국교의 제도, 예전, 형식주의에 반대한 분리주의자들로서 교회정치에서 주교제도 대신 장로제도나 회중제도를 요구했습니다. 청교도들은 교회 내의 개혁뿐만 아니라, 사회 안에 널리 퍼져 있던 특권적이고 차별적인 제도와 조직의 혁파를 주장하는 식으로 사회의 근본적인 개혁을 요구하였습니다. 그들의 이런 정신은 청교도라는 말 자체에 잘 나타나 있는데, 청교도란 말은 당시의 사람들이 교회를 정화(purify)하려는 칼빈주의자들의 극단적(?) 열정에 대한 조롱의 표현으로 사용하였던 말입니다.

## 청교도들의 세계관과 공적 영성

청교도의 세계관은 하나님 절대주권주의, 창조론, 예정론, 원죄사상, 언약사상, 성화사상, 천직사상에 잘 드러나 있습니다.

### 1) 하나님 주권주의

청교도 세계관의 중심에는 하나님 절대주권사상(The Sovereignty of God)이 자리하고 있습니다. 하나님은 세계와 역사와 자연을 초월해 자유로이 존재하시며, 또 자신의 자유로운 뜻에 따라 역사에 직접 관여하시고 일하십니다. 따라서 어느 누구도 하나님의 신비로운 섭리와 경륜을 다 깨달아 알 수 없습니다. 하지만 하나님 절대주권사상은 하나님이 세계와 인간과 멀리 떨어져 있는 정지된 하나님이 아니라, 모든 피조물의 존재와 활동을 직접 주관하신다고 믿는 것입니다. 곧 우주는 하나님의 극장이며, 이 우주의 단 1센티미터도 하나님의 주권에서 벗어나 있거나 그분의 능력이 미치지 못하는 곳이 없다고 믿는 것입니다. 그렇기에 우연처럼 보이는 어떤 사건들도 실상은 모두 다 하나님의 섭리 속에 있다고 생각했습니다.

하나님 절대주권사상은 청교도들에게 정치적·사회적으로도 큰 의미를 가졌습니다. 하나님이 교회만을 통치하시는 것이 아니라 그분의 창조세계 전체, 곧 세계와 역사와 사회를 다스리신다는 것을 의미했습니다. 하나님의 주권은 믿는 자들 안에서는 은혜와 성령의 역사로, 믿지 않는 자들 속에서는 하나님의 율법과 양심의 역사로 나타납니다. 그렇기에 하나님 절대주권주의는 정치권력이 국가를 질서와 공의 속에서 움직여 가도록 운영할 책임이 있으며, 신앙인들은 복음 전도만이 아니라 율법과 양심이라는 인간의 보편적인 도덕률의 바탕에 기초하여 선과 공의의 기준을 사회 각 분야에 세우고 사회를 성화시켜갈 책임이 있다는 것입니다.

동시에 하나님 절대주권사상은 오직 하나님의 주권만이 절대적이며, 따라서 다른 일체의 정치 또는 종교 권력이 다 상대적이며 또 파생적인 것이라는 점을 의미합니다. 이런 하나님 절대주권사상에 바탕을 둔 청교도 사상은 정치적으로는 인간이 만든 모든 절대적 권위에 대한 비판과 도전으로 나타났습니다. 청교도들은 교회 밖으로는 왕권신수설(Divine Right of King)을 이단적 주장이라고 반대하였고, 교회 내부로는 주교제나 교황제를 거부하였습니다. 그들은 정치 권력이나 교회 지도력의 머리는 왕이나 교황이 아니라 그리스도라고 설파했습니다.

청교도들은 교황과 주교의 권위나 교회 전통 대신 성서를 하나님의 뜻을 가장 직접적으로 드러내는 도구로 이해했습니다. 이들은 예배와 교회 제도 등은 철저히 성서를 따라 이루어져야 한다고 믿었습니다. 또한, 전통이라는 이름하에 자행된 많은 인본적인 예식과 규례 등을 거부하고 성서의 본질로 돌아가려는 개혁주의적 정신에 서 있었습니다. 예배의 단순성을 강조하며 인본주의적 예배에서 신본주의적 예배로 돌이킬 것을 주장하였습니다. 곧 성례, 복전, 화상, 이미지 등을 강조하는 전통적이고 시각적인 예배에서 말씀의 영감과 진리에 바탕을 둔 듣고 생각하고 깨닫는 예배로 바꾸었습니다. 이는 사람이 만든 여러 전통과 의식으로 인해 복음이 왜곡될 가능성에 깊이 주의하고, 또 그와 연관되기 쉬운 미신적인 측면들을 제거함으로써 복음의 본질을 회복하려는 것이었습니다.

또한 청교도들은 구원의 문제를 하나님의 말씀과 개인의 양심 간의 직접적인 관계로 해결할 수 있다고 규정함으로써, 그 당시 가톨릭이나 성공회에서 사용한 구원의 중간 매개체들(사제, 성례전, 교회 등)을 배제했습니다. 이는 하나님과의 친밀성 및 개인의 신앙적 책임에 대해 강조한 것으로서, 자신의 구원의 문제를 사제나 성례 또는 교회기관에 의탁함으로써 해결하려고 했던 나태하고 의존적인 정신 자세를 바꾸었을 뿐만 아니라, 개인 윤리와 자기 성찰에 중요한 영적 동기와 에너지를 제공했습니다.

## 2) 예정론

사실 예정론은 청교도 사상 중에서 가장 오해를 받는 부분이기도 합니다. 인간의 구원이 인간 스스로의 자유의지와 상관없이 하나님의 미리 정해진 결정으로서, 어떤 이들은 영벌을 또 어떤 이들은 영생을 받도록 결정되어 있다는 이 교리는 개인 의사와 자유를 중시하는 현대인들의 정서와는 맞지 않을 수 있습니다. 여기서 예정론에 대한 여러 비판적 논의를 다루기보다는 예정론이 갖는 정신적·도덕적 의미를 간단히 살펴보고자 합니다.

예정론은 개인이 하나님의 구원을 체험한 후에 하나님의 절대적인 사랑을 회고적으로 고백하는 것으로 이해하는 것이 좋겠습니다. 청교도들은 예정론을 바탕으로 하나님께 선택받은 자녀들은 세상의 어떠한 고난과 시련 속에서도 하나님이 눈동자처럼 보호하신다는 신념과 동시에 하나님이 택하신 백성들에게는 반드시 최종적인 승리가 보장되어 있다는 철저한 신념을 가졌습니다. 즉 예정론은 청교도들에게 어떤 인간제도나 권력도 해할 수 없는 "선택받은 사람들"이라는 견고한 믿음의 정체성을 제공해주었고, 또 청교도들로 하여금 자신들이 믿는 바를 사회 속에서 실천해갈 수 있는 영적 에너지를 부여했습니다. 예정론 안에서 청교도들은 역사와 삶에 대한 비관주의와 도피주의에 빠지지 않고 오히려 하나님의 은혜와 섭리와 능력에 대한 신뢰 속에서 사회 변혁을 향한 싸움을 지속해나갈 수 있었습니다.

## 3) 창조론

청교도들은 다른 기독교 종파들에 비해 창조론의 중요성을 더 강조하였습니다. 창조론의 강조는 성도와 불신자가 공유하는 하나님에 대한 지식과 도덕성의 강조로 나타났습니다. 그것은 교리적으로는 일반 계시(general revelation), 하나님의 법, 양심, 언약 등을 강조하는 형태로 나타났습니다. 그리고 이는 청교도들의 성화론과 공적 신학(public theology)의 기반이 되어 사회 내에서 비그리스도인들과의 교류와 대화, 그리고 공공선을 위한 협조와 협력의 가능성을 열어주었습니다.

청교도들은 창조론과 하나님의 주권과 성화된 이성을 서로 밀접하게 연결하여 생각했습니다. 그들은 성화를 개인적인 차원을 넘어서 사회 전체를 포함하는 것으로 이해했습니다. 따라서 성서의 빛에 비추어 사회 각 기관이 가진 고유의 기능과 역할, 그리고 역사 속에서의 인간의 행동들을 이성적으로 탐구하는 것이 하나님의 뜻을 사회 속에 실천해나가도록 하는 데 꼭 필요하다고 생각했습니다. 그들은 하나님은 선하시고 공의로우시며, 하나님의 도덕적인 뜻에는 일관성, 예측성이 있다고 믿었습니다. 또한, 하나님의 법을 신앙과 이성의 바른 사용을 통해 알아낼 수 있다고도 믿었습니다. 그리고 기독교가 말하는 하나님의 주권은 교회나 교인에게 국한된 것이 아니라 창조의 모든 영역에 미치므로, 자연현상과 사회현상에 대한 연구와 분석을 강조하고, 보편성과 상식(John Cotton이 말했던 "essential wisdom")을 존중하여 이를 공동 삶의 지침과 교훈으로 삼았습니다. 또한 하나님의 주권은 믿지 않는 사람들에게도 자연법과 양심을 통해 일하시기에, 이 자연법과 양심은 성도들이 비신자들과 함께 사회 속에서 일해나갈 수 있는 도덕적 공통분모를 제공해주는 것이었습니다.

## 4) 죄론: 인간 욕망의 깊은 정체를 파악하게 하는 안목

청교도들은 인간은 하나님의 은혜 밖에서는 스스로를 구원할 수 없는 철저한 죄인이라고 믿었습니다. 따라서 이들은 인간의 죄성에 대해 깊이 이해하고 있었으며, 이를 억제하기 위한 여러 가지 방법을 제도적으로 강구하였습니다. 사실 미국의 삼권분립제도 청교도들의 죄론에 담겨 있는 통찰과 지혜에 영향을 받았습니다. 즉 인간의 죄성은 권력을 부패하게 만들므로 제도적으로 권력이 집중되는 것을 막고 분리를 보장하여 상호견제와 균형을 이루어야 한다는 것입니다.

이들의 인간의 죄성에 대한 깊은 자각은 내세주의 또는 비관주의로 흐르지 않았습니다. 오히려 인간의 죄에 대한 깊은 인식이 하나님의 주권주의와 균형을 이루는 가운데 인간과 사회의 문제에 대한 깊은 통찰과 안목을 열어주었습니다. 청교도들은 변증법적인 세계관에 서 있었습니다. 즉 세상과 인간이 죄에 깊이 물든 것을 꿰뚫어보면서도 그러나 하나님의 주권 앞에 악의 세력은 멸망할 수밖에 없다는 절대 신앙을 바탕으로 한 세계관을 갖고 있었습니다. 청교도들은 인간의 타락에도 불구하고 창조의 본질(intrinsic goodness and integrity of creation)이 가지고 있는 신성함과 아름다움에는 근본적인 손상이 없다고 믿었습니다. 창조의 선함은 아직도 하나님의 주권 안에서 보존되어 있으며, 오히려 구원사적 관점에서 볼 때 하나님은 궁극적으로는 인간의 타락마

저도 구원의 큰 목적을 이루는 데 선하게 사용하실 수 있다고 믿었습니다. 인간의 타락으로 인한 혼란과 갈등은 하나님의 주권 자체에 손상을 가져온 것이 아니라, 하나님의 형상을 닮은 인간의 의지 자체의 질서를 파괴하여 자유와 욕망의 갈등, 부조화, 비생산적·파괴적 사용으로 나타났다는 것이 청교도들의 생각이었습니다. 죄의 문제는 인간 의지의 문제이지 하나님의 주권의 문제는 아니라는 것입니다.

그들은 세상에는 여전히 죄와 악의 세력들이 창궐한 것이 사실이지만 하나님은 지금도 그리스도와 성령의 역사를 통해 창조의 회복을 위해 일하고 계시며 세계와 역사는 결국은 하나님이 원래 계획하신 뜻대로 움직여간다고 믿었습니다. 그러기에 그리스도인은 결코 역사 비관주의에 빠질 필요가 없습니다. 오히려 하나님의 섭리적 역사를 견고하게 신뢰하는 가운데 세계와 역사 안에서 그분의 뜻, 곧 창조세계의 회복을 위해 일해야 한다는 것입니다. 이때 창조세계의 회복은 개인은 물론 사회의 전반적 제도, 법률의 개혁, 기관들의 혁신, 곧 국가와 사회의 성화를 통해 이루어집니다.

## 5) 성화론

청교도들은 구원과 예정에 있어서는 전적으로 하나님의 은혜를 신뢰하지만, 성화와 개혁에 있어서는 인간의 능동성(자유와 책임)을 강조합니다. 이들은 성도들이 하나님의 영광을 위해 헌신하는 자발적 능동성이 바로 예정의 증거라고 이해했습니다. 즉 성화로 표현되지 않는 구원의 경험은 그 진실성에 의구심을 가져야 한다고 보았습니다. 왜냐하면 참된 하나님의 은혜의 체험은 우리를 말씀과 계명에 대한 복종으로 이끌 수밖에 없다고 보았기 때문입니다. 그들에게 있어서 성화의 강조는 죄에 대한 경계와 극복뿐만 아니라 은혜에 대한 진정한 보답을 의미했습니다.

하나님의 주권 안에서의 모든 창조의 일체성(The unity of life in God)은 청교도들로 하여금 개인의 성화와 사회의 성화를 함께 강조하도록 만들었습니다. 특히 사회의 성화는 성도와 비신자 사이의 구원에 있어서는 분명한 구별(특별 은혜의 역사)이 있으나, 역사 내에서 하나님의 통치와 질서에 있어서는 공통의 영역(자연법, 일반 은혜)이 있음을 인정하는 것이었습니다.

성화란 역사 내에서 하나님의 주권의 실제적(actual) 회복을 뜻하는 것으로서 개인과 사회에 역사하는 죄의 세력을 현실의 삶 속에서 극복해나가는 과정을 의미합니다. 청교도들은 하나님의 주권사상 안에서 성과 속, 영적인 것과 세상적인 것을 구분하기를 거부하고 창조세계 전체를 하나의 통일된 하나님의 활동 영역, 곧 성화의 대상으로 보았습니다. 하나님이 삶의 모든 영역을 주관하시고 그것이 하나님의 영광을 위해 거룩하고 완전케 되기를 원하시므로, 성도는 이 일을 위해 자신의 생애를 바쳐 헌신해야 할 것이라고 믿었습니다.

청교도들은 개인의 영성과 경건, 심지어 개인 영혼의 구원보다도 더 중요한 것이 하나님의 영광과 뜻의 실현이라고 믿었습니다. 청교도들이 목사 후보생들에게 던진 질문 중에 하나가 "하나님의 영광을 위해 그대들은 저주받을 각오가 되어 있는가?"였습니다. 청교도들과 칼빈주의자들은 인간의 일반 종교성 안에 감추어져 있는 이기심, 곧 종교의 목적이 높은 차원의 자기 보존(self protection or self security)으로 전락하는 것을 경계했습니다. 그들은 종교적 행위와 결정이 얼마든지 이기적인 목적과 동기에서 비롯될 수 있음을 꿰뚫어보고 있었습니다. 곧 단순히 지옥에 가지 않기 위해서 예수를 믿는 것만으로는 불충분하다고 생각한 것이었습니다. 영생불멸이라는 종교적인 목적 추구 속에 얼마든지 이기적인 본능과 욕심이 들어 있을 수 있기 때문입니다. 오늘 우리들의 신앙에 적용해본다면, 이는 단순히 예수님을 영접하는 것만으로 신앙적인 삶이 완성된다고 생각해서는 안 된다는 것을 의미합니다.

청교도들은 기독교 신앙의 목적이 자기만족이나 종교적 욕구의 충족이 아니라, 하나님의 영광을 위한 삶, 좀더 구체적으로는 사회와 역사의 변혁과 성화를 통해 하나님을 섬기는 것으로 이해했습니다. 그러기에 이들에게 있어서 역사와 사회 속에서 하나님의 뜻을 실행하는 것은 가장 중요한 신앙적 요구였습니다. 단지 예배에 참석한다든지 성찬을 받음으로 구원을 소유하는 것이 아니라, 각 개인과 공동체를 향한 살아계신 하나님의 뜻을 수행함으로써 구원을 소유할 수 있으며, 이것이 하나님을 바로 섬기는 것이라 믿었습니다. 이들에게 있어서 개인의 경건이란 바로 이런 목적하에서 양심과 성령에 비추어 자신들이 얼마나 철저하게 임무를 수행하고 있는가를 점검하는 싸움을 의미했습니다.

청교도들의 성화 이해는 오늘날의 개인주의의 틀 안에서 해석되는 "복음주의"의 한계를 극복하는 데 큰 신학적 도움을 제공합니다. 오늘날 흔히 말하는 복음주의는 성서의 복음(euangelion)과는 거리가 먼, 즉 개인주의적이고 비규범주의적(antinomian)인 경향을 띠는 경우가 많습니다. 그 결과 복합적이고 변화무쌍한 사회의 여러 문제를 다루기에는 많은 한계를 보입니다. 청교도 신앙은 이런 점을 잘 극복했습니다. 저명한 청교도 신학의 전문가 패커는 말하기를 "청교도들은 오늘의 복음주의 그리스도인들이 가장 약한 것에서 오히려 가장 강점을 보이고 있으며, 그들의 저술들은 사도시대 이후 과거나 현재에 있어서 어떤 기독교 교사들의 체계보다도 더 복음주의자들에게 도움을 줄 수 있습니다"5라고 했습니다.

청교도들은 또한 통치(governance)의 개념을 매우 중요시했는데, 이는 성화(godliness)가 개인적으로는 육체의 사적 욕구들을 지배함으로써 이루어지며, 사회적으로는 하나님의 법의 기반에서 이루어진다고 이해했기 때문입니다. 이에 따라 청교도들은 다른 개신교 종파들에 비해 구약을 아주 중시하였습니다. 그들은 구약의 이해에 따라 나라 전체를 제사장의 나라, 열방의 빛이 되는 모범적인 나라로 만들기 위해 여러 가지 사회제도의 변혁과 개선에 진력했습니다. 앞서 말한 것처럼 그들은 구원과 예정에 있어서는 전적으로 하나님의 은혜를, 하지만 성화와 개혁에 있어서는 인간의 능동성을 강조했습니다. 이 능동성은 하나님과 인간 사이, 또는 하나님의 법 아래에서의 인간과 인간 사이의 언약사상으로 나타났습니다. 언약은 성령의 인도 아래서 인간의 자유의지를 최대한 존중하는 것입니다. 언약사상은 개인과 하나님이라는 좁은 의미뿐만 아니라, 이스라엘을 본받아 자신들의 국가 공동체와 하

---

5 "[T]he Puritans were strongest just where evangelical Christians today are weakest, and their writings can give evangelicals more real help that those of any other body of Christian teachers, past or present, since the days of the apostles" (J. I. Packer, "Foreword", in *Introduction to Puritan Theology; A Reader*, ed. Edward Hindson [Grand Rapids: Baker Books, 1980]).

나님 사이의 언약이라는 광의의 의미로도 이해되었습니다. 그리하여 국가와 교회, 가정을 모두 성도들의 거룩한 자발적 의사 집단 및 결사체(government)로 이해했습니다.

### 성화된 이성의 중요성

청교도들에게 있어서 신앙적 삶이란 성화된 이성(sanctified reason)이 이끄는 삶을 의미했습니다.⁶ 올바른 이성의 사용은 판단력과 분별력을 획득하는 데 꼭 필요하며, 성화의 교리와 불가분리의 관계에 있는 것이었습니다. 청교도들은 성서와 양심 그리고 이성을 통해 하나님의 진리를 깊이 이해하고자 했습니다. 이 점에 대해 힌슨은 다음과 같이 표현했습니다.

> 청교도들은 과학, 논리, 철학 등의 학문을 두려워하지 않고 하나님의 말씀을 이런 제반 학문들과 연관시키려고 애썼습니다. 그들은 하나님이 모든 학문적 탐구를 통해 영광을 받으실 수 있다고 믿었습니다. 또한, 성서가 이성과 과학에 조화된다고 믿었기에 단순한 이성주의가 하나님의 말씀을 지배하는 것을 거부했습니다. 성서를 모든 이성적 진리의 기초로 받아들였고, 성서가 가르치는 것과 관계하여 진실적 실체를 분별하고자 했습니다.⁷

---

6  청교도들은 종교개혁을 이어받은 것뿐만이 아니라, 르네상스의 휴머니즘을 잘 계승하여 이 둘의 창조적·변증적 결합을 통해서 복음의 본질에 충실하면서도 시대와 사회를 선도해나갈 수 있는 적합성과 실용성을 가진 가르침들을 만들어냈습니다.

7  "Thus Puritans did not fear science, logic, and philosophy, but sought to bring the

청교도들은 성화된 이성의 필요성을 절실히 인식하고, 이를 그들의 교회생활과 사회생활에 적용하였습니다. 즉 성화된 이성 없이 성화된 교회와 사회를 만들고 이끌어간다는 것은 불가능하다고 보았습니다. 예를 들면, 교회 회원권을 아무에게나 허락하지 않음으로써 교회의 순수성을 보존하고자 애썼습니다. 반드시 회중 앞에서 회심의 경험을 공적으로 고백하게 하여 진정 거듭난 소수에게만 회원권을 부여하였으며, 성서의 원리에 충실하고 성서와 신앙을 아는 사람들로 구성된 질 높은 교인들로 회중을 이루었습니다. 이렇게 함으로 만인제사장주의와 교회 민주주의가 제 기능을 다 할 수 있었습니다. 이는 교회가 아무나 와서 쉽게 세례받고 구성원이 되는 세속적 단체가 아닌, 구별된 성도의 공동체인 것을 철저히 인식했기 때문입니다.

하지만 청교도들에게 교회는 그 자체가 목적이 아니었고, 하나님 나라의 실현의 도구로 간주되었습니다. 특히 하나님 나라 사상은 청교도들의 집합적 의지를 표출해주는 원천이 되었습니다. 그들은 하나님이 성화된 그리스도인들과 사회를 도구로 사용해서 이 땅에 하나님 나라를 이루어 가신다고 믿었습니다. 이를 위한 하나님의 목적은 단순한 영혼 구원이 아니라 사회의 성화이기에 이들은 성속을 분리하지 않고 교회 생활과 시민사회 생활을 동시에 중요하게 여겼습니다. 성도들은

---

Word of God to bear on each discipline. They believed that God can be glorified in every area of academic pursuit. They believed Scripture to be in harmony with reason and science, refusing to allow mere rationalism to overrule the Word of God. They considered Scripture the fountain of all reasonable truth and sought to discern 'reality' in relation to what the Scripture taught" (Hindson, "Introduction", *Introduction to Puritan Theology*, 23).

교회와 시민단체 안에서 민주적으로 참여하고, 양심을 바탕으로 한 자유로운 토론을 통해 진리를 추구했습니다. 성도들의 자치와 책임을 존중하는 정신은 교회 내와 사회에서 민주주의를 발전하게 하였고, 여러 복지제도와 정책의 발전을 가져왔습니다. 지금도 아이오와, 버몬트 주나 미 북동부 지역에서는 민주, 공화 양 정당의 예비 선거가 있을 때마다, 교회에 모여 후보자들의 정책을 경청하고 질문하며 대의원들을 선출하는 것을 볼 수 있습니다.

## 6) 천직사상: 세상 속에서 세상을 변혁하는 제자도

청교도들의 성화사상은 천직(天職)사상으로 구체화됩니다. 천직이란 하나님이 신앙인 각자에게 세상의 특정 영역에서 수행하도록 맡겨주신 직업적 사명을 의미합니다.[8] 하나님의 예정과 선택은 우리를 내세의 구원으로만 불러주신 것이 아니라, 세상 속에서의 사명, 곧 천직으로 불러주신 것이며, 청교도들은 특히 천직의 효과적인 수행을 통해 자

---

8 천직(calling, vocation)은 하나님이 특별한 임무의 수행을 위해 개인을 구체적으로 부르는 것(to name, summon)입니다. 여기에는 임무라는 공적인 사명과 "나"라는 구체적 개인이 모두 포함되어 있습니다. 천직은 직업(job, occupation, profession)과는 다른 종교적 의미를 담고 있습니다. 종교개혁 이후 사명 또는 천직이란 말은 그 의미 자체를 달리하게 되었습니다. 중세시대에 수도원이나 사제들의 소명을 일컫는 데 쓰이던 "천직"(calling, Beruf)이라는 말이 이제 그리스도인들의 일상의 생업 또는 주된 활동을 일컫는 데 쓰이게 되었습니다. 마태복음 25:14-30에 나오는 금괴 혹은 은괴를 의미하는 달란트(talent)라는 단어도 중세시대에는 교회 내 소수의 제한된 성도에게 주어지는 영적 은사 내지는 은혜로 이해했으나, 종교개혁 후에는 모든 그리스도인에게 세상 변혁과 성화의 사명을 위해 하나님이 주신, 모든 성도들의 타고난 천부적 재질, 전문성을 의미하는 말로 그 의미가 달라지게 되었습니다.

신들의 예정을 확인할 수 있다고 믿었습니다.[9]

　천직은 하나님과 성도 개인의 친밀성을 전제로 합니다. 청교도 신앙은 성도 한 사람 한 사람이 하나님 앞에 책임 있는 도덕적·영적 주체라고 인식하였습니다. 따라서 천사와 교황, 주교, 사제 등의 중간 매체를 통하지 않고 하나님과 개인의 직접적인 교류(personal spiritual relationship)가 가능함을 강조하였으며, 이는 곧 개인의 양심에 바탕을 둔 도덕성과 책임 및 경건 생활의 강조로 이어졌습니다.

　천직은 자신의 욕망을 이루는 것이 아니라 하나님의 뜻을 이루는 것입니다. 따라서 우리는 청교도들의 천직사상에서 하나님과의 친밀성과 공적 영성의 변증법적 관계를 봅니다. 청교도들은 스스로를 선택된 존재들로 믿을 만큼 하나님과 깊은 관계를 누렸기에, 또한 힘껏 하나님을 위해 살았습니다. 하나님과의 직접적인 친밀함을 가장 중요하게 생각한 하나님 주권 사상은 청교도들을 다른 사적·이기적·봉건적·가

---

[9] 종교개혁자들은 소명(calling)을 일반 소명과 특별 소명으로 나누어 생각했습니다. 일반 소명이 하나님 백성의 일원이 되는 것, 곧 하나님의 섭리 안에 구원받은 자로서 하나님의 영광을 위해 살라고 부르신 것이라면, 특별 소명은 바로 이 일반 소명 안에서 더 구체화된 임무, 직분, 그리고 책임의 위치를 말해줍니다. 이 특별 소명은 개인의 자기 발견과 긴밀한 연관관계에 있으며, 교회와 사회 안에서 하나님 나라의 사명을 감당하는 구체적인 자기 직무를 말해주는 것입니다. 일반 소명이 그리스도의 몸이자 언약 공동체인 교회의 지체가 되는 것이라면, 특별 소명은 이 몸 안에서의 기능과 역할이라고 말할 수 있습니다. 교회라는 말의 헬라어 어원 자체가 바로 이 소명 또는 천직의 의미와 깊은 연관이 있습니다. 에클레시아(*Ekklesia*)란 바로 부름 받은 자들(those who are called out, or called out ones)로 하나님의 특별한 임무를 위해 부름(소명) 받은 자들의 결사체를 말하는 것입니다. 이는 곧 교회 안에 성도들의 천직, 소명의식이 없거나 희박할 때 교회의 정체성 자체가 약화되며, 성도 각자의 소명의식은 바로 교회의 광의의 선교적 사명의식과 불가분리의 관계에 있는 것입니다.

족 혈연적 관계로부터 해방시켜 더 큰 세계의 일을 감당하도록 하였습니다. 한편으로 성도는 세상에 있지만, 세상에 속한 자들이 아닙니다. 그러기에 직업적 소명을 통해 세상사에 깊이 개입하면서도 세상의 것과는 거리를 두는("diligent in the worldly businesses, but deadliness to the world") 삶을 살아야 합니다. 그래야 천직의 사명을 제대로 감당하고, 주신 축복들을 바르게 사용할 수("not be wedded to the world, but weaned from it") 있습니다. 이것을 청교도들은 절제된 정열("weaned affections")이라고 불렀습니다. 이런 영성이 바로 막스 베버가 말한 현세적 금욕주의(this worldly asceticism)의 바탕을 이룬다고 볼 수 있습니다. 근대 자본주의와 민주주의 제도의 운영에 필요한 시민 정신과 훈련은 바로 이런 영성에서 자라게 된 것이었습니다.

청교도들에게 있어서 일(직업)이란 하나님의 창조 계획의 한 부분으로서 아담으로 인한 저주의 결과가 아니라 하나님을 영화롭게 섬기는 것이며, 이를 통해 사회의 성화와 공공선을 성취해나가는 하나님의 창조섭리의 중요한 부분입니다. 일은 모든 인간에게 동등하게 부여된 하나님의 명령으로서 각자 하나님이 주신 (1) 은사와 능력에 따라, (2) 그 처해진 시대적·역사적 상황과 필요에 부응하여 세상 속에서 임무를 수행하는 것입니다. 따라서 일은 피조물의 창조주에 대한 책임이며, 창조성이 부여된 인간만이 누릴 수 있는 특권입니다. 그리고 인간은 천직의 수행을 통해 하나님이 주신 각자의 창조성과 잠재력을 실현하는 것으로 이해했습니다. 즉 인간의 모든 직업은 비도덕적이지 않는 한 근본적으로 거룩하며, 하나님의 영광을 위한 것이라고 믿었습니다. 이런 천직사상은 모든 세속적 행위에 신성한 의미를 부여함으로써, 직업의 귀천을

없애주고 사회의 전반적 윤리 수준과 생산력 향상에 공헌했습니다.

청교도들은 일(직업)을 교회 밖에서 행하는 예배이며, 하나님께 대한 경배의 행위(act of praise)라고 이해했습니다.[10] 천직의식은 우리의 일에 직업(job) 이상의 영적·도덕적 목적을 부여해줌으로써 일이 단순한 생업의 수단 또는 부나 권력과 명예의 추구로 변질되는 것을 막아줍니다. 천직사상은 하나님 앞에서의 자기의 양심을 바탕으로 하고, 또 하나님의 영광을 드러내는 것이 목적이므로 항상 도덕적인 질문들을 성도 개개인에게 하도록 만들었습니다. 즉 창출되는 재화와 용역이 도덕적이며 공동체에 꼭 필요한 것인가, 경제 활동의 목적이 하나님인가, 아니면 사유재산을 축적하고 그에 따르는 안정과 향락을 얻기 위함인가, 나는 나의 일에 최선을 다하고 있는가 등을 묻는 것입니다.

이런 면에서 일은 바로 이웃과 사회에 봉사하는 중요한 수단이었습니다.[11] 천직사상은 (1) 개개인의 소질과 은사, 창의력을 소중히 여기고 이를 계속 계발함으로써 자신의 직업의 영역에서 성공하며, (2) 또 그 성취의 결과물을 사회에 널리 나눔으로써, (3) 하나님께 영광돌리도록 이끌었습니다. 천직사상은 한 사람 한 사람의 신앙인이 하나님의 영광을 위해 사는 구체적인 현실의 제자도(this wordly discipleship)로서, 이 과정을 통해 하나님의 주권을 세상에 드러내며 그 나라를 확장시켜가는 것입니다.

---

10  Alister McGrath, *Reformation Thought: And Introduction* (Oxford: Blackwell, 2001), 224.
11  청교도 신학자 윌리엄 퍼키슨은 "우리 생의 진정한 목적은 이웃 섬김을 통해 하나님을 섬기는 것"이라 했습니다.

## 7) 만인제사장론: 청교도 교육

### 변혁적 엘리트, 유기적 지식인으로서의 목회자

청교도들은 신앙교육과 일반 상식교육을 중시했습니다. 특히 청교도 목사들은 근대적 의미의 첫 지성인들(the first generation of modern intellectuals)로 이해해도 무방하리라 봅니다. 청교도 신앙이 가톨릭이나 성공회의 성례전적 사제주의(sacramental priesthood)에서 벗어나 예언자적·설교적 목회로의 전환을 의미한다면, 설교에 대한 강조는 자연스레 시각적·예전적·주술적·집례적 종교에서 벗어나 듣고, 깨닫고, 생각하는 종교로의 전환을 말하며, 후자는 교육을 받은 목사만이 감당할 수 있는 일이었습니다. 이것은 목회자의 역할이 예전 집행자보다는 성서 전문가의 역할로 바뀐 것이며, 이는 든든한 지성의 뒷받침 없이는 불가능한 일이었습니다.

청교도들은 질 높은 목회자 교육을 강조해서 성서를 원문(그리스어, 히브리어, 아람어)으로 읽거나, 또 초대교회 전통과 교부들의 글을 원어(라틴어)로 읽을 것을 요구하였습니다. 그래서 당시 대부분의 목회자는 옥스퍼드나 케임브리지 대학에서 열심히 공부했습니다. 그들은 목회자 교육에 성서와 초대 교부들의 작품뿐 아니라 인문사회 과학, 그리고 고전에 대한 연구, 심지어 종교 작시(poetry)까지 포함하여 목회자들로 하여금 사회 지도자로서의 인격과 지적 역량을 키우도록 교육했습니다. 그 결과 청교도 목사들은 서양의 고전들을 줄줄이 인용할 줄 알았고, 신학적 논쟁과 논리 전개에 뛰어났으며, 르네상스 문화에 깊이 심취되어 있었습니다.[12] 미국의 하버드 대학교도 원래 청교도 목사들의 교육을 위해 1636년에 설립된 것입니다. 하버드 대학교는 설립과 발전의 과정에서, 잘 훈련된 목사를 키워내기 위해 가난한 농부와 노동자들까지 학교에 헌금을 했다고 합니다. 이렇게 훈련받은 목사들은 사회와 국가의 발전을 위해 앞장섰으며, 엘리트주의나 계급의식에 빠지지 않고 도리어 대중 계몽을 위한 대중 교육에 힘썼습니다. 성서를 깊이 연구하여 바른 교리와 사상을 잘 가르칠 수 있는 목사들과 그리고 이를 잘 이해할 수 있는 수준 있는 회중을 갖게 된 뉴잉글랜드는 필그림 정착 한 세대만에 많은 숫자의 (대학) 졸업생들로 가득 찼다고 합니다. 예컨대, 1701년에 세워진 예일 대학교의 경우 설립 목적을 젊은이들이 전능하신 하나님의 축복을 통해 교회와 사회에서 그 공적 업무(public employment)를 잘 수행하도록 하기 위해서라고 기록하고 있습니다. "하나님의 능력 아래서 번성하리라"는 교훈으로 1746년에 설립된 프린스턴 대학교의 경우도 그 설립 목적이 목회자들을 상식과 일반 교양으로 양육하기 위함이었습니다. 미국의 많은 아이비리그 대학들도 성직자, 평신도 교육을 통한 사회 개량을 목적으로 여러 기독교 종교 집단에 의해 세워진 것입니다. 한 세기 전만 해도 미국에서 목사, 특히 장로교 목사는 사회에서 교육 수준이 가장 높은 엘리트로 인정과 존경을 받았습니다. 특히 TV 등 대중 언론매체가 발달되지 않았을 때, 목사의 설교는 지역사회의 여론을 형성하고 이끌어가는 주축이었습니다.[12]

---

12   Max Weber, *The Protestant Ethic and the Spirit of Capitalism* (George Allen & Unwin, 1976), 168.

### 평신도 교육

이런 교육에 대한 관심은 지도자들에게만 국한된 것이 아니었습니다. 청교도들은 또한 평신도 교육을 강조했습니다. 그들은 개인 성서공부, 대중 교육, 대중 계몽운동을 주도하여 일반 민중이 모두 성서를 스스로 읽을 수 있도록 했습니다. 1770년 당시, 뉴잉글랜드 지역 주민들의 약 70%가 글을 읽을 줄 알았다고 합니다. 1647년의 매사추세츠 주의 조례에 따르면, 100가구 이상이 존재하는 모든 타운은 반드시 무료 상식 및 문법학교 교육(free common and grammar school instruction)을 제공하도록 되어 있었습니다. 첫 번째 무료 문법학교가 보스턴에 1635년에 설립되었는데, 이는 매사추세츠가 식민지로 세워진 지 불과 5년 만이었으니[13] 교육에 대한 이들의 열정을 엿볼 수 있습니다. 이것은 바른 그리스도인의 신앙과 영성의 중요성, 그리고 삶에 교육이 끼치는 중대함을 깊이 인식하지 않았다면 불가능한 일이었습니다.[13]

이들은 공공 정신, 공동선의 강조를 통해 모든 공동체 구성원들이 서로에 대해 상호 책임을 갖도록 했으며 나아가 전체 시민들의 복리와 도덕적 행위에 책임을 갖도록 했습니다. 또한 교육이 개인과 공동체 발전의 근간인 것을 깨달았고, 높은 도덕적 수준과 양심적인 삶(high standards of moral excellence and conscience)을 영위하도록 배웠으며, 근검, 절약, 근면을 강조하였습니다.

청교도들은 깊은 영적 인식과 인간에 대한 이해를 바탕으로 "만인제사장주의"라는 개신교의 보도(寶刀)도 이런 일반 평신도 교육과 성서

---

13 http://www.nd.edu/~rbarger/www7/masslaws.html

이해의 수준의 상승 없이는 어렵다는 것을 인지하고 있었습니다. 성서를 깊이 알고, 깊은 영적 체험이 있으며, 그리고 오랜 기독교 문화의 뿌리에 바탕을 둔 곳에서 만인제사장주의는 말만이 아닌 실제적인 제 기능을 발휘할 수 있습니다. 오늘날 개신교에 대한 비판 가운데는 성직자 교권주의와 수직적 권위주의에 반발하여 만인제사장주의를 강조하는 목소리가 높습니다. 하지만 평신도들의 소양을 높이지 않고서 만인제사장주의를 실현하기는 어렵습니다. 한국의 여러 교회제도, 장로제도, 만인제사장론 등은 수준 높은 성직자 교육, 평신도 교육이 바탕이 되어야만 제 역할을 수행할 수 있는 사상이자 제도라고 봐야 합니다. 민주주의도 국민의 계몽 없이는 우민주의에 빠지듯, 교회 민주주의, 만인제사장주의도 이런 기본적인 교육의 확산 없이는 불가능합니다.

### 8) 언약사상: 교회와 사회 결사체

청교도들은 언약(covenant)을 하나님이 세상을 주관하시고 섭리하시는 가장 두드러진 방법으로 이해하였습니다. 아담으로부터 시작하여 노아, 아브라함, 이삭, 야곱, 모세, 이스라엘 백성, 그리고 예수님의 새언약에 이르기까지 하나님은 언약을 통하여 인간과 관계를 맺으시고 세상을 다스려가신다고 생각했습니다. 하나님은 사랑의 교제를 나누기 원하여 인간을 창조하셨고, 인간의 타락 후 그 교제를 회복하기 위해 성자를 주셨으며, 그 모든 과정에서 언약을 통해 이 구속의 섭리를 구체화하고 실현시켜가는 것입니다. 여기서 중요한 것은 언약이 하나님과 인간의 관계를 일방적인 수혜 관계로만 이해하지 않고, 상호적 관계로 이해한다는 점입니다. 하나님의 구원은 무조건적인 것이나, 구원 후 인간과 하나님의 관계는 상호적인 관계로 전환되며 인간은 점차 하나님의 동역자 또는 동반자로 자라가는 것입니다. 그렇기에 하나님은 아브라함과 모세를 친구라고 불렀고, 사도 바울은 자신을 하나님의 동역자라고 지칭했습니다.

언약사상의 빛 아래서, 청교도들은 사람들이 일반 계시와 이성과 양심을 사용하여 필요한 동의(언약)를 창출하고 또 이에 부합하는 사회 결사체와 제도를 만들어낼 수 있었다고 믿었습니다. 이들은 사회의 조직과 결사체는 언약적 공동체로서 혈연과 전통에 의해 구성되는 자연적인 것이 아니라 구성원들의 자발성과 동의에 의해 이루어진다고 생각했습니다. 그리고 이런 도덕적 존재들 간의 상호성을 존중하는 청교도의 언약사상은 교회와 국가, 가정과 기업과 같은 근대의 여러 사회 조직과 결사체들(social associations)을 형성하는 데 큰 역할을 했습니다. 오늘날의 회중교회(congregational church), 정당, 컨퍼런스(conference), 리그(league), 이사회(board) 등의 여러 근대적 인간 동아리의 모습들은 바로 청교도들의 언약사상의 역사적 부산물들이라고 보아도 무방할 것입니다. 오늘날 인간관계에서 빼놓을 수 없는 계약도 바로 청교도들의 언약사상에서 파생된 것으로서, 청교도들을 통해 문화 속에 확산되어 사회적 습성(practices)이 된 것입니다.

### 정치 윤리: 근대 시민들과 시민사회의 탄생

봉건사회에서 근대사회로, 신분사회에서 계약사회로 옮겨가는 유럽의 전환기에 청교도 사상은 근대적 의미의 건강한 민주시민 정신을 형성하는 데 공헌하였습니다. "모든 인간이 하나님의 형상으로 만들어졌다"는 성서적 신앙고백은 청교도 사상 안에서 인간의 자유와 평등을 중시하는 인권 사상으로 발전하였습니다. 신분보다는 기능과 능력을 강조하고, 사적 관계보다는 서로의 공적 책임성을 강조하며, 개인의 신앙과 양심, 사회적 책임을 강조하는 청교도들의 입장은 교회와 사회의 제 관계를 수직적이고 권위적 관계로부터 수평적이고 민주적인 관계로 전환시키는 데 공헌했습니다.

한편 청교도들은 교회 구성원으로 받아들여진 후에도, 자신들의 경건성을 매번 입증해야 했습니다. 그들은 전통과 사적인 정분에 안주함이 없었으며, 교회는 선택받은 자들의 결사체이기 때문에 교회 안에서는 모두가 평등하다고 생각하였습니다. 또 성도들의 위치와 영향력은 계층이나 신분보다는 경건함과 임무 수행의 성실함과 능력에 따라 결정되었습니다. 칼빈은 다윗과 같은 한 사람의 성군을 통해 정치 개혁을 가져오기보다는 하나님의 도구로 기꺼이 쓰임 받고자 하는 많은 성화된 평범한 개인들이 하나님 나라의 역사를 이루는 데 더 소중하다고 생각했습니다. 그는 한 사람의 영웅적 카리스마에 의해 교회가 끌려가기보다는 성화된 개인들이 조직체를 이루어 상호 토론과 투표 등을 통해 새로운 질서를 만들어가는 것을 배우게 하였습니다. 하나님 안에서의 민주적인 공동체를 만들고자 했던 것입니다.

프린스턴 대학교의 정치학자 마이클 왈저는 이들 칼빈주의 성도들의 탄생이 최초의 근대적 의미의 시민계층의 출현을 의미한다고 했습니다.[14] 사회의 하층계급을 구성하던 사람들이 신앙으로 훈련되고, 도덕성으로 무장되어 시민적 덕목(civic virtues)을 갖추게 됨은 물론이거니와 혈연, 지연 등에 근거한 봉건적인 결사체가 아닌 양심과 신앙 안에서의 자유와 책임을 바탕으로 민주적 결사체를 조직하는 그런 시민이 출현하게 된 것입니다. 이들의 결사/조직은 봉건사회에서 영주나 군왕들의 일부 계층의 권모술수나 권력 다툼이 아닌, 신앙으로 성화되고 무장된 일반 평민들, 곧 성도들의 조직체를 통해 이루어졌습니다. 즉 청교도들은 인맥이나 정실에 얽매이지 않고, 카리스마를 가진 개인에 의한 것이 아닌, 시민사회의 다양한 단체와 조직에 기반을 둔 근대 정치의 형태를 이루는 데 공헌하였습니다. 청교도들은 단순한 이권, 또는 공명심 추구가 아닌, 영구한 정신적 목적과 가치, 객관적 진리를 추구했습니다. 이런 의미에서 이들은 근대적 정치 결사체와 신조를 형성한 최초의 정치 결사체를 이루었습니다.

### 경제 윤리

학자들은 청교도 신앙을 흔히 신상공계층(new commercial class)의 종교라고 합니다. 이것은 그들 중에 무역인, 은행가, 산업인, 대금업자 등 화폐와 물품의 유통을 거래하고 중개하는 사람들이 많았기 때문입니다. 청교도들은 영국의 국교인 성공회에 대해 비판적이고 비협조적이었기에, 국교도의 자격(official religious conformity)을 요구하는 여러 전문직과 공직에서 제외되었습니다. 대신 그들은 무역, 금융, 상업, 수출업 등의 새로운 산업에 뛰어들었습니다. 그리고 부의 축적을 통해 중산층의 주축이 되었고, 시간이 흐르면서 점점 많은 수공업자들(artisan classes)이

---

14  Michael Walzer, *The Revolution of the Saints* (New York: Atheneum, 1970), 2.

이들의 전도와 설교를 듣고서 청교도 신앙으로 개종하였습니다.

언뜻 볼 때는 청교도들이 돈을 가까이 하고 경제적인 부를 축적하였기에 신앙에서 일탈했을 것으로 생각하기 쉽겠지만, 오히려 이들은 철저한 경제 윤리관을 통해 자신들의 삶을 이끌어갔습니다. 이들은 경제 생활을 천하게 여기지 않고 오히려 그 활동 자체를 하나님이 주신 평생의 사명으로 여겼으며, 결코 물질주의와 금전만능주의에 빠지지 않았고 오히려 그 위험성을 늘 경고하였습니다. 즉 청교도들에게는 부의 목적이 안락한 삶과 육체적 정욕을 채우는 데 있는 것이 아니라 하나님의 나라를 위해 있었습니다. 이들은 신앙적 경험에 비추어서 인간의 부의 축적에는 하나님보다 물질을 자신의 미래의 안전 보장과 수단으로 삼게 하는 보신주의의 위험이 항상 파고들 수 있음을 인식하였습니다. 정당한 수단으로 돈을 벌되, 그 소득을 사적 욕망의 만족을 위해 낭비하지 않고 하나님의 명확한 뜻을 따라 사용하도록 권하고 한편으로는 더 크게 사업을 번성시키기 위해 다시 축적하고 재투자하는 것을 마다치 않았습니다. 청교도들은 "하나님의 영광"이라는 부의 획득의 목적에 적극적 의미를 부여하는 동시에, 부의 사적 사용, 특히 레지나 오락, 사치, 향락, 낭비, 치장과 과시 등의 사용에 대해서는 철저히 절제할 것을 요구하였습니다. 이는 부의 사적 사용이 신앙적 해이와 게으름(게으름은 천직을 제대로 수행하지 못하게 하므로)과 부도덕성, 육체의 정욕을 추구하는 것으로 이어지기 십상이라고 판단했기 때문이었습니다.

청교도들이 강조한 성화는 경제활동의 영역에서는 개인의 근면과 성실로 표현되었고, 부의 축적의 과정에 나타날 수 있는 비정직성과 탐심, 무계획성 등을 경계했습니다. 곧 양심적으로 자기를 성찰하며 경제

생활에 매진하되, 경제활동과 부의 축적의 목적이 하나님의 영광만을
위한 신앙적이어야 할 것을 거듭 강조했습니다. 이들은 불필요한 오락
과 낭비와 사치를 배척하고 여러 경제적 윤리 행동 규범들을 말씀 안에
서 세워, 합리적이며, 조직화되고 계획적인 삶 속에서 검약하고 근면한
자세로 매일매일을 살아가도록 요구했습니다. 이런 근면과 성실을 강
조하는 청교도 윤리는 무위도식이나 동냥 행위에 대한 철저한 배척으
로 나타났습니다. 가톨릭이 지배했던 중세에는 구걸 행위를 용납했을
뿐만 아니라, 오히려 그것을 좋게 여겼습니다. 이것은 가톨릭과 성공회
안에 있었던 전통(Mendicant)으로 거지들이나 동냥하는 수도사들이 일
반인들에게 자선할 기회를 준다고 여겼기 때문이었습니다. 하지만 이
런 행위는 청교도들의 천직과 경제 윤리의 기준으로는 용납될 수 없는
일이었습니다. 도리어 기업인에게는 부의 축적과 높은 생산성이, 노동
자에게는 근면한 노동이 천직으로 간주되었습니다. 그 결과 청교도들
중에는 거지가 없었다고 합니다. 이런 근면과 성실에 대한 강조가 지나
쳐서 때론 가난이나 불행을 동정의 대상으로 보지 않고 도덕적 실패자,
근면성과 성실이 부족하여 생긴 게으름의 결과라며 징계하기도 했고,
반면에 부는 질시의 대상으로 보지 않고 개인의 신앙 의지의 승리에 대
한 보상으로 보는 데까지도 이르렀습니다.

　　독일의 사회학자 막스 베버는 이런 청교도들의 태도를 일컬어 현
세적 금욕주의라고 불렀습니다. 금욕주의라 함은 육신의 여러 욕구로
부터 오는 유혹을 절제하고, 부의 비합리적인 사용을 금지하며 하나님
이 원하시는 대로 개인과 사회의 필요를 위해 사용하는 자세를 말합니
다. 현세적이라 함은 세상을 경원시하거나 그로부터 도피하는 것이 아

니라 오히려 세상 속으로 적극적으로 뛰어드는 자세를 일컫는 것으로서 이는 중세 수도원적 윤리와 대조적입니다. 중세 수도원적 윤리가 세상 자체를 부인하고 부 자체를 포기하며 그리하여 사회로부터 격리된 금욕주의를 윤리적 모범으로 삼았다면, 청교도 신앙에서는 세상의 제도와 기관을 적극적으로 끌어안되, 그것을 소유와 사랑의 대상이 아닌 성화의 대상으로, 그리하여 하나님의 영광을 드러내도록 하는 데 역점을 두었습니다.

이런 신앙의 열정과 비전에 바탕을 둔 경제활동은 경제생활의 합리화에 크게 공헌했습니다. 곧 경제생활을 개인 치부라는 사적 목적에서 분리시켜 공적 사명으로 인식하게 하며, 이 공적 사명은 모든 경제활동과 사업경영을 하나님 나라의 사업이라는 인식 아래 공적이고 합리적으로 운영할 뿐만 아니라, 지속적인 발전을 위해 청지기 정신으로 일하는 것입니다. 즉 경제활동의 목적이 개인적 치부가 아니라 하나님의 영광 실현이 목적이기 때문에 부의 축적을 이룬 후에도 계속해서 자기 직업의 영역에서 철저한 장인정신으로 하나님의 도구로서 일하는 것입니다.[15]

이런 태도와 행위가 축적된 결과, 이들은 영미 사회가 봉건적인 경제구조로부터 근대 자본주의로 전환하는 데 중요한 역할을 했습니다. 당시 미국의 동북부와 네덜란드, 영국 등 칼빈주의가 흥왕한 지역에서는 이런 태도와 가치관의 결과로 중산층이 발전하고 부가 축적되며 사

---

15 이것이 곧 에베소서에서 말하는 "그리스도의 장성한 분량이 충만한데 이르기까지" 자라가는 것이다(엡 4:13).

회 기관과 제도들이 합리화되는 결과들이 나타납니다. 청교도들의 경제 윤리의 독특성은 미국 안에서도 동북부의 매사추세츠를 중심으로 하는 청교도 밀집지역과 그렇지 않은 조지아, 버지니아 등의 미남부 지역을 비교해보면 확연히 드러납니다. 전자의 경우에는 짧은 기간 내에 합리성, 생산성을 통한 부의 축적과 중산층의 형성이 괄목할 만하나, 후자는 여전히 농장 등을 중심으로 한 노예 산업에 의존하는 식의 봉건적인 경제의 모습이 보입니다.

청교도들의 경제 윤리는 오늘날 한국을 비롯한 여러 나라에서 발견되는 수단과 방법을 가리지 않는 천민자본주의와는 성질을 달리합니다. 이들의 경제 윤리는 근대적이고 합리적인 자본주의의 근간을 이루는 철학이었습니다. 개인의 윤리성과 독창성을 중시한 청교도 윤리는 산업과 노동의 합리화, 산업과 생산의 표준화, 그리고 부의 축적과 분배에 대한 도덕적 책임을 요구하는 근대 사회윤리로 발전되었습니다. 근대적 의미의 합리성이란 주어진 재화, 시간, 노력으로 어떻게 최대치의 결과를 얻을 수 있는지와 관련됩니다. 이것이 제한된 조건과 환경에서 어떻게 소기의 목적을 달성할 수 있겠는가 하는 문제들을 다루고 있다면, 청교도들이 하나님의 영광을 위해 최선을 다해 살고자 했던 신앙의식과 윤리적 노력 속에서 이런 근대적 합리성의 습성이 싹트고 발전할 수 있었던 것입니다. 영국과 미국의 자본주의의 상당 부분이 이렇듯 건강한 부의 축적과 공동선의 윤리정신, 또 철저한 천직의식의 바탕 위에서 자랄 수 있었습니다. 자본주의가 제 기능을 올바로 발휘하려면 이런 종교적 열성과 도덕성, 세계관이 뒷받침되어야 한다는 의식이 강하게 있었습니다. 그리고 이런 가치의 흔적들이 오늘날에도 영미 중산층 속에 남아 있습니다.

## 9) 청교도 신앙에 대한 고찰

청교도 신앙은 역사와 사회 속에 확산되어 새 문명을 탄생시킨 대중신앙운동이었습니다. 이 신앙의 저력은 하나님의 통치라는 가장 광범위한 우주론(macro cosmology)을 개인의 천직이라는 가장 미시적 확신(micro psychology)과 행동 영역에 연결시킨 데 있습니다. 그렇게 함으로써 청교도 신앙은 교회와 사회 변혁을 역동적이면서도 확신 있게 감당해나갈 수 있었던 것입니다. 특히 청교도 목회자들의 경우 역사 속에서 하나님 나라를 구현하고자 하는 열망들이 종교적 엘리트로서 평신도들을 지배하고 다스리는 방식이 아니라 오히려 대중을 계몽하고 깨우쳐 섬기고자 하는 마음으로 표출되고 결집됨으로써, 이 열정이 종교적 영역뿐만이 아니라 사회 곳곳으로 스며들어 사회 변화를 가져오게 되었습니다. 이들은 하나님과 성서에 대한 깊은 신학적 이해를 바탕으로, 중요 교리들(신론, 삼위일체, 창조론, 죄론, 교회론, 종말론 등)을 단편적으로 보지 않고 상호 유기적으로 연결시켜 새로운 세계관을 창출해 냈습니다. 성서와 일반 상식에 대해 깊은 지식들을 갖춘 것은 물론이거니와 헌신된 영성을 갖추고서 모든 신앙의 진리를 실제의 삶에 연결시키고자 했기에 그들의 말과 행동은 사회 변혁의 장에서 실제적으로 그 힘을 발휘하게 되었습니다.

청교도들의 열정과 헌신은 일시적이고 순간적인 감정의 충동에서 비롯된 것이 아니었습니다. 그것은 복음의 진리를 통해서 경험한 하나님의 무한한 신비에 대한 반응에서 비롯된 것이었습니다. 패커는 청교도들이 뛰어난 지적 능력과 하나님에 대한 불붙는 열정을 공유한 사람들이며, 이들의 사역 속에는 은혜(grace)와 재능(gifts)이 잘 융합되어 나타난다고 했습니다. 그는 또 청교도들이 보여준 구령과 성화, 이성과 신앙의 조화를 통해 오늘날의 복음주의자들의 약점을 잘 보완할 수 있다고 보았습니다.[16] 청교도 신앙이 가진 구원론과 창조론, 교회론과 인간론의 역동성은 인간 현실을 바르게 이해하는 데 도움을 줍니다. 맥스 스택하우스의 말처럼, 아마도 가톨릭 신학자인 토마스 아퀴나스의 도덕 신학을 바탕으로 한 자연법 윤리(natural law ethics)와 쌍벽을 이룰 수 있는 공적 신학이 바로 청교도 사상이 아닌가 싶습니다.[17] 더욱이 가톨릭이 근대 사상 및 제도와 심한 갈등을 겪었다면, 청교도 사상은 개신교가 영미 사회에서 근대사회에 별 무리 없이 잘 적응하는 가운데 도리어 그것의 방향을 제시하는 데 큰 공헌을 하였습니다. 이런 청교도 사상의 힘을 바탕으로 영국과 미국은 19세기와 20세기에 걸쳐 세계의 문명을 견인하는 데 큰 역할을 하게 되었습니다.

하지만 청교도 신앙에 대한 비판 중, 그들이 인간의 여러 자질 중에서 이성적이고 도덕적인 부분만을 지나치게 강조함으로써 상대적으로 예술과 문화에 대해 편협한 태도를 가져왔다는 점을 귀담아들어야 합

---

16  J. I. Packer, "Foreword", in *Introduction to Puritan Theology: A Reader*, ed. Edward Hindson (Grand Rapids: Baker Books, 1980), 12.

17  맥스 스택하우스의 공적 신학에 대해서는 그의 저서 *Creeds, Society, Human Rights* (Grand Rapids: Wm B. Eeradmans Publishng Co. 1984)와 *Public Theology and Political Economy* (Landham: University Press of America, 1991)를 참조하십시오.

니다. 특히 청교도들의 예배는 성례전을 소홀히 함으로써 예배를 설교 중심으로 이끌기 쉽습니다. 이런 면에서 필자는 칼빈이 말한 것처럼, 특히 성만찬을 자주 시행함으로써 현대인들에게 설교 외의 다른 은혜의 도구와 수단들을 통해서 하나님의 신비와 임재를 경험하도록 도와주는 것이 필요하다고 생각합니다. 특히 성령의 인격과 사역에 대한 신학적 이해에 있어서는 반드시 보완과 확충이 필요합니다. 이는 하나님과의 의사소통의 다양성과 아름다움, 조화를 이해하는 데 있어서 그 폭을 넓혀줄 것입니다. 또한 청교도 신앙은 성화에 대한 강조가 자칫하면 자기 의나 율법주의에 빠질 뿐 아니라 타인에게 과도하게 자신의 주장을 요구하기 쉽습니다. 즉 청교도 신앙은 듣기보다는 일방적으로 전하는 경향이 농후할 수 있고, 성화된 이성에 대한 과도한 강조는 신앙의 신비성보다는 교리나 행동규범이 지나치게 강조될 위험성도 있습니다. 하지만 오늘날 한국 개신교가 겪고 있는 공적 영성의 결핍(정체성, 교회 조직의 민주화, 시민사회와의 소통 등)의 문제를 생각해볼 때, 청교도 신앙은 개신교에 매우 좋은 신학적 자료를 제시해준다고 봅니다.

청교도 신앙의 내용과 성공의 경험들은 한국 개신교인들에게 많은 도전과 방향성을 제시해줍니다. 청교도들의 철저한 하나님 주권주의는 한국 개신교의 물신주의와, 언약사상은 한국 개신교의 가족주의와, 사회 성화와 천직의 강조는 이분법적 사고와, 그리고 이성과 교육의 강조는 단순논리주의와 좋은 대조를 이룹니다. 이런 면에서 청교도 신앙은 한국 개신교가 겪고 있는 공적 영성의 빈곤에 대해 직접적인 해결의 실마리들을 던져 준다고 봐도 될 것입니다. 청교도들이 실천하고자 했던 하나님 나라의 내용과 사역은 오늘날 많은 의식 있는 한국 개신교인들이 열망하는 내용들이기도 합니다. 확실히 교회가 세상의 노예가 되어 끌려가는 것이 아니라 오히려 하나님의 말씀의 가치와 능력으로 훈련되고 무장하여 세상을 변혁시키는 이상은 한국 개신교가 품어야 할 마땅한 이상임에 틀림없습니다. 물론 한국의 기성사회처럼 아직도 전근대적인 요소들이 사회 곳곳에 온존해 있는 사회에서는 청교도적인 소명과 천직의식으로 살아가는 것이 결코 쉽지 않을 수도 있습니다. 그럼에도 불구하고 사회의 여러 봉건적인 전통과 인습 앞에서 좌절하거나 타협하기보다는 기독교 신앙으로 한번 도전해보고자 하는 사람들은 청교도 신앙의 가치들을 가슴에 되새기며 우리 사회를 새로운 눈으로 바라볼 필요가 있습니다. 한국 교회와 사회의 변혁의 희망은 이런 청교도적인 정신과 결단을 가진 사람들에게 달려 있을 것입니다.

제5장

# 한국 교회의 새 영성 코드:
# 2=10=613

이번 장에서는 앞에서 본 새로운 신학적 방향성과 청교도 신앙에 대한 성찰을 바탕으로 한국 개신교의 패러다임 전환을 위한 몇 가지를 구체적으로 제안하고자 합니다. 아래의 제안들은 하나님과의 친밀성과 공적 영성을 기초로 한 신앙 패러다임을 어떻게 오늘의 현실 속에 적용하는가의 문제입니다. 이 적용은 비전(vision), 커리큘럼, 실천(practice)이라는 3가지 측면에서 생각할 수 있습니다. 비전, 커리큘럼, 실천은 앞의 제3장에서 말한 창조론과 구원론, 일반 계시와 특별 계시, 카리스마와 이성 등을 오늘의 현장에서 유기적으로 연결시켜줌으로써, 교회가 소통과 선교적 사명을 바르게 감당하는 데 길라잡이의 역할을 할 것입니다. 이를 좀더 구체적으로 말한다면 친밀성과 공공성, 신앙의 정체성과 적합성을 조화시키고, 미래와 현재, 신앙과 삶을 연결시켜 성도들의 안목과 영성에 통일성을 줄 것입니다.

## 사회적 비전

신앙 패러다임이 오늘의 현장에서 성서의 가치로 세상을 보는 안목, 즉 세계관이라면, 이 세계관에는 반드시 비전이 들어갑니다. 한국 개신교의 우상숭배가 기복주의, 물신주의 등의 그릇된 목적 추구에서 비롯된다면, 패러다임의 변화는 바른 비전의 제시에서 시작될 것입니다. 그리고 이 비전은 개인축복(개인주의적), 개교회성장, 또는 사회와 역사를 배제하는 의미의 "영적" 비전이어서는 안 됩니다. 이 비전은 예수님이 전파하신 하나님 나라에 근거한 역사적·종말론적인 것이라야 합니다.

모세가 애굽의 노예로 있던 이스라엘 백성들에게 "열방의 빛"과 "제사장의 나라"라는 비전을 보여주었고, 청교도 신앙이 16세기 이후 영미 세계에 "새 이스라엘"(New Israel)이라는 비전을 제시한 것처럼, 한국 개신교도 세계화 시대와 한국 사회의 상황에 적합한 "사회적 비전"을 제시해야 합니다. 성서에 보면 하나님은 출애굽, 바벨론에서의 포로 귀환과 같은 원대한 일을 이루시기 전에 먼저 하나님의 사람들에게 비전을 주었습니다. 그런 비전은 당시 사람들의 내면 가장 밑바닥에 잠재된 욕망을 인정하면서도 그것을 초월적·역사적으로 승화시켜주는 것이었습니다. 그런 이유로 비전은 현실적 적합성과 동시에 도덕적·영적 변화의 힘을 함께 가지고 있었습니다. 예를 들면, 모세가 외쳤던 젖과 꿀이 흐르는 땅에 대한 비전은 노예들에게 신분의 자유와 경제적 풍요라는 원초적 욕망을 일깨우면서도, 여기서 머물지 않고 한 걸음 더 나아가 열방의 빛이요 제사장의 나라라는 영적·도덕적인 사명으로 승화된 형태로 제시되었습니다.

사회적 비전은 개인의 윤리적 행위를 규제하는 규범적인 차원을 뛰어넘어, 기독교의 가르침을 통해 한 사회가 나아가야 할 바람직한 방향을 제시하는 가치와 내용을 담고 있는 것이어야 합니다. 지금 한국 개신교가 안고 있는 약점 중 하나는 이런 사회적 비전이 결여되어 있다는 것입니다. 잠언이 "꿈(비전)이 없는 백성은 망한다"고 한 것처럼, 사회적 비전이 없는 까닭에 한국 개신교는 자기중심적인 종교로 축소되었고 새벽기도, 여러 가지 집회 등의 열정과 노력에도 불구하고 쇠퇴의 위기에 처해 있는 것입니다. 사회적 비전이 없는 종교는 성도들의 신앙과 삶의 현장을 적절하게 연결해주지 못하고, 또한 신앙의 에너지들을 오로지 교회 안으로만 흡수하기 급급하며, 작은 이익을 놓고 다투는 내부 갈등과 자체 분열에 휘말림으로써 결국 시대적 소명을 상실하게 됩니다.

사회적 비전의 제시는 한국 개신교의 사역에 몇 가지 중요한 공헌을 할 것입니다. (1) 잘 다듬어진 비전은 사람들에게 희망을 주고 열정을 불러일으킵니다. 사회적 비전은 사람들의 열망과 기도와 행동을 함께 결집할 수 있는 힘입니다. (2) 개신교의 사회적 비전은 한국 개신교회가 공통적으로 바라보는 영적·도덕적 안목과 방향성으로서 많은 그리스도인들의 에너지와 자원을 결집하는 데 도움을 줄 것입니다. 시대적 사명이란 한국 사회가 겪고 있는 소외, 모순, 아픔, 고통의 여러 문제를 신앙적 가치관의 눈으로 비판하면서 이에 대한 대안을 제시하는 것입니다. 그렇기에 개신교의 사회적 비전은 공동체에 분명한 초점과 방향성을 제시하고, 사람들의 힘과 에너지를 결집하며, 또 장차 실행해나가는 일들에 대한 평가의 기준을 제공합니다.

## 1) 생명의 강물의 비전

한국 사회는 물론 세계를 향한 성서의 공적 비전을 구체적으로 에스겔 47장 1-12절에서 찾아볼 수 있습니다. 이 비전(환상)은 하나님이 이스라엘 백성들이 바벨론에 포로로 끌려간 지 25년 되던 해에 에스겔에게 보여주신 것입니다. 에스겔서에는 다른 성서의 책들과는 달리 특이한 비전(환상)이 여러 번 나옵니다. 특별히 47장의 성소에서 흘러나오는 강물의 비전은 에스겔에게 주어진 마지막 비전으로, 이스라엘 백성들이 귀환 후 하나님의 백성으로서 살아가야 할 방향과 내용을 회화(繪畵)적으로 묘사하고 있습니다.

북이스라엘과 유다가 망하고, 성전이 파괴되고, 이방 땅에 포로로 끌려온 것은 이스라엘 백성들에게는 영원히 잊을 수 없는 고통과 치욕의 사건이었습니다. 하나님이 그 시대의 초강대국 이집트에서 출애굽시킨 후 허락하신 약속의 땅에서 쫓겨나 바벨론에서 다시 포로의 생활을 보낼 것을 누가 예상이나 했겠습니까? 이제 바벨론이라는 강대국의 손에 붙잡혀 자신의 힘으로는 스스로 자유를 구할 수 없는 상태에서 하나님은 선지자 에스겔과 이사야를 통해 제2의 출애굽을 약속하는 소망을 주셨습니다. 특히 에스겔 37장의 골짜기에 가득한 마른 뼈들이 살아나는 비전이 불가능을 가능케 하고 죽은 자를 살리시는 부활의 하나님, 창조의 하나님의 능력을 다시 기억게 하는 메시지였다면, 에스겔 47장의 비전은 회복된 백성이 어떻게 하나님의 세계 경영의 계획 속에 참여해야 할지를 보여준 비전이라고 할 수 있습니다.

그렇다면 왜 성소에서 흘러나오는 물이 바다에 이르는 비전이 필요했을까요? 그리고 그 의미는 무엇일까요? 이스라엘 백성들이 바벨론에서의 포로생활에 이르게 된 데에는 우상숭배, 도덕성의 타락, 사회적 불공평과 착취 등의 여러 이유가 있었겠지만, 그 근원을 올라가보면 하나님이 지시하신 사사와 12지파 연합체의 정치 형태를 버리고 주변 이방국가들과 같은 왕정제도를 채택한 데에 원인이 있는 것처럼 보입니다. 이스라엘과 유다의 역사를 보면, 다윗과 솔로몬 통치 초기, 히스기야와 요시야 왕의 통치시대를 제외하고는 거의 모든 왕들의 시대가 부패의 나락에 깊숙이 빠져 있었던 것을 볼 수 있습니다. 즉 하나님이 모세를 통해 주신 열방의 빛이 되고 제사장의 나라가 되라는 사명을 저버리고, 이스라엘이 세상국가들의 제도를 모방한 결과 멸망의 종국에 이르게 된 것입니다.

이런 면에서 에스겔 47장은 포로로 끌려간 이스라엘 백성들에게 무엇이 신앙적으로 잘못되었는가를 가르쳐주고, 어떤 비전을 가지고 살아가야 할지를 다시 보여준 것입니다. 이 강물의 비전은 놀랍게도 에스겔서뿐만 아니라 성서의 첫 책인 창세기와 마지막 책 요한계시록에도 나타나 있습니다. 창세기 2장 10절에 "강이 에덴에서 흘러나와 동산을 적시고 거기서부터 갈라져 네 근원이 되었으니"라고 기록되어 있다면, 요한계시록 22장 1-2절에는 "또 그가 수정 같이 맑은 생명수의 강을 내게 보이니 하나님과 및 어린 양의 보좌로부터 나와서 길 가운데로 흐르더라 강 좌우에 생명나무가 있어 열두 가지 열매를 맺되 달마다 그 열매를 맺고 그 나무 잎사귀들은 만국을 치료하기 위하여 있더라"라고 쓰여 있습니다. 즉 성서의 처음(창세기)과 중간(에스겔)과 끝(계시록)에 거의 동일한 비전을 담은 말씀이 나와 있습니다. 에덴동산을 관통하며 흐르는 강물이 생명나무를 비롯한 동산의 모든 생물들에게 수분을 공급하듯, 유대 광야를 가로질러 흐르는 성전의 강물은 광야를 하나님의 동산으로 변화시키고 생명들을 되살리며, 하나님의 천성 새예루살렘에서 흐르는 강물은 마치 에덴동산의 비전을 복원하듯이 하나님의 도성 중심을 흐르면서 생명나무의 실과와 잎들을 풍성하고 푸르게 살찌우고 있는 모습을 보여줍니다. 이 강물은 창세기에서는 에덴동산의 생물들을 살리고, 에스겔서에서는 사해와 강 언덕의 나무와 생명들을 살리고, 요한계시록에서는 하나님의 도성에 있는 생명나무에 기운을 공급하고 있습니다.

이 강물은 바로 생명을 주시는 하나님의 성령의 흐름이라고 볼 수 있습니다. 성서는 여러 곳에서 성령을 물, 샘물, 또는 강물에 비유하고 있습니다.[1] 그리스도가 생명의 강물의 근원(샘)이라면, 성령은 이 강물입니다. 강물은 비유적으로 보면 세상을 향한 하나님의 사랑과 열정을 의미합니다. 따라서 이 비전은 하나님이 마음껏 자신의 사랑과 생명을 우리에게 주시는 모습을 보여줍니다. 그런데 에스겔 47장에서 보면, 이 강물의 목적지는 바로 이 지구상의 표면에서 가장 낮은 곳인 사해입니다. 이는 하나님의 마음이 지금도 끝없이 고통과 소외의 땅을 향하고

---

1 "내가 주는 물을 마시는 자는 영원히 목마르지 아니하리니 내가 주는 물은 그 속에서 영생하도록 솟아나는 샘물이 되리라"(요 4:14). "나를 믿는 자는 성경에 이름과 같이 그 배에서 생수의 강이 흘러나오리라 하시니"(요 7:38). "우리가 유대인이나 헬라인이나 종이나 자유인이나 다 한 성령으로 세례를 받아 한 몸이 되었고 또 다 한 성령을 마시게 하셨느니라"(고전 12:13).

있다는 것을 말해줍니다.

에스겔의 비전은 지금까지 이 글이 말해온 몇 가지 중요점들을 되새기게 해줍니다. 먼저 성전에서 사해로 강물을 끝없이 지속적으로 흘려보내시는 하나님은 소통하시는 선교적 하나님(*missio dei*)인 것을 보여줍니다. 강물이 하나님의 사랑과 열정이라면, 이의 흐름은 바로 지금도 이루어지고 있는 하나님의 생명의 소통입니다. 하나님은 지금도 생명의 성령을 통해 세상과 소통(self-communication)하고 계십니다. 동시에 강물이 성전에서 사해로 흐름은 하나님의 선교적 모습을 보여줍니다. 하나님은 생명의 성령을 보내심으로 하나님 나라, 즉 사랑과 공의의 다스림이 세상 모든 곳에 이루어지기를 원하십니다.

47장의 비전은 교회의 하나님과의 친밀성과 세상을 향한 공적 영성의 조화의 모습을 보여줍니다. 높은 곳에 위치한 성전이 하나님의 임재와 친밀함을 상징한다면, 사해는 지구상 표면의 가장 낮은 곳으로서 죽음, 어둠, 고통의 자리를 의미합니다. 이 사해는 교회가 스스로의 이해관계를 넘어 감당해야 할 하나님 나라의 선교적 현장입니다. 따라서 성전에서 흘러나오는 강물은 하나님의 친밀성을 바탕으로 가장 낮은 곳에 임해야 할 교회의 공적 사명을 말해줍니다. 친밀성과 공적 사역이 다이내믹하게 연결되기 위해서는 교회의 사역 패러다임이 카리스마와 이성, 특별 계시와 일반 계시, 구원론과 창조론을 유기적으로 조화시킬 줄 알아야 합니다.

한국 교회의 사회적 비전을 세우는 데 있어, 우리는 에스겔서의 비전에서 몇 가지 중요한 교훈을 얻을 수 있습니다. 첫째, 교회는 그 존재의 근원(발원지)을 하나님께 두고 그분께로부터 생명과 은혜를 공급받아야 합니다. 이 생명과 은혜를 받는 자리와 현장이 예배입니다. 교회는 예배를 통해 하나님의 생명의 은혜, 성령의 기운을 받습니다. 따라서 예배는 전적으로 하나님을 중심으로 드려져야 합니다. 우리는 예배에서 루터가 말한 "하나님으로 하나님 되게!"(Let God be God!)를 매번 확인해야 합니다. 에스겔 40장 이후에 나오는 성전 내 여러 설계도와 내부 구조와 전시에 대한 하나님의 말씀은 출애굽기 23장 이후의 성막의 건축과 유사한 내용을 담고 있는데, 이는 예배에 대한 하나님의 전적인 관여와 주권을 나타냅니다.

둘째, 교회는 이렇게 받은 은혜와 힘을 항상 자신보다 낮은 곳에 위치한 사람들 혹은 피조물들과 함께 나누어야 합니다. 물이 낮은 곳을 향해 흐르듯이 하나님의 마음도 낮은 곳을 향하십니다. 물론 이 말의 의미가 하나님은 가난한 자만을 사랑하신다는 것은 아닙니다. 하나님은 모든 사람을 사랑하시지만, 가난한 자와 고통당하는 자들에 대해 더 깊은 연민을 보이십니다. 성전에서 나온 강물이 높은 곳에서 낮은 곳을 향해 흐르는 과정에서 모든 곳을 살리며 지나가듯이, 하나님은 심적·육체적 고통 속에 있는 사람들의 실존 속에 함께하시고 생명의 영으로 동참해주십니다. 물이 모든 빈 곳을 찾아들어 그것을 채우면서도 자기 고유의 정체성을 잃지 않듯이 성령도 그 신성을 잃지 않으면서 생명의 부족한 곳들을 채우고 충만케 하며 그것들을 살리시는 것입니다. 이런 점에서 강물의 사역은 선교적이며 또한 성육신적인 사역입니다. 강물이 모든 빈 곳을 채우면서 낮은 곳을 향하여 흘러가듯, 모든 사역은 강물처럼 가까운 주변과 낮은 곳을 채우고 살리며 사해를 향해 흘러 나아가는 것입니다. 이렇게 흘러가는 과정에서 메마른 유대 광야가 옥토가 되고, 강 주변의 모든 생물과 강 안의 모든 고기가 살아나는 회복의 역사가 일어납니다. 교회의 사역은 하나님의 성령의 사역을 본받아 소통하며, 선교적이어야 합니다. 그럴 때 사역의 현장에 생명이 살아나는 역사가 일어납니다.

셋째, 에스겔 47장의 말씀은 이처럼 그리스도인의 성화가 어떻게 이루어져야 하는가를 시적으로 보여주고 있습니다. 성소에서 흘러나오는 강물이 사회적 비전이라면, 성화는 이 비전이 성도들 한 사람 한 사람의 삶과 그들이 속해 있는 조직, 기관, 영역에서 실현되어가는 모습입니다. 즉 성소의 강물이 우리의 삶 속에 스며들어 삶을 적시고 그곳에서 생명이 자라게 하고 열매 맺게 하는 모습을 말해줍니다. 강물이 흐르는 주변의 나무들이 살아나고 실과를 맺고 또 그 잎사귀는 약재료가 된 것처럼, 성화된 삶은 이렇게 성도들과 교회와 기독교의 기관들을 세상에 없어서는 안 될 귀중한 존재들로 만들어줍니다.

넷째, 교회는 기관과 조직이기에 앞서 흐름이며 운동(movement)으로 스스로를 정립하고자 애써야 합니다. 운동으로서의 교회는 하나님과 세상을 향해 언제나 열려 있어야 합니다. 그것은 자신의 이익과 계산 속에 갇혀 있어서는 안 되며, 위로 받아서 낮은 곳으로 지속적으로 흘려보내는 것을 의미합니다. 성전에서 나와 사해를 향하는 물길이 하나님의 이웃 사랑, 생명 사랑을 의미한다면 교회는 이런 하나님의 심장과 사해를 잇는 성령의 사역에 초대받아서 이 사랑을 더 낮은 곳으로 계속하여 실어 날라야 합니다. 물이 상향 이동할 수 없듯이 교회가 권력과 부를 탐내면 반드시 부작용을 일으키게 됩니다. 교회는 "은혜 위에 은혜더라"(요 1:16)라는 말씀처럼 날마다 위로부터 새롭게 받는 은혜를 통해서 새 힘을 얻어 자신을 살릴뿐더러 자기보다 낮은 곳을 살리는 사명을 감당해야 합니다.

다섯째, 이런 강물의 목회와 사역은 비폭력적인 사랑의 목회입니다. 예수님이 보여주신 산상수훈의 목회, 마틴 루터 킹 목사의 비폭력 운동의 역동성이 바로 이 비전 속에서 나오는 것입니다. 물은 비폭력의 상징입니다. 어떤 그릇에 넣더라도 물은 자신의 본래 모습을 잃지 않으면서 그 그릇의 모양이 되어줍니다. 이것은 예수님이 온전한 인간으로 성육신하신 모습과 일치하며 또 마치 사도 바울이 고백했던 유대인에게는 유대인처럼, 헬라인에게는 헬라인처럼 되었다는 말씀을 연상케 해줍니다. 성소에서 나오는 강물이 보여주고 있는 이런 정체성과 적합성의 조화와 균형은 한국 교회가 시급히 회복해야 할 사명의 본질인 것입니다.

에스겔서의 비전에 비추어볼 때, 오늘날 한국 개신교의 문제는 강물의 근원과 종착지, 즉 성전이 상징하는 신앙의 출발점과 사해가 상징하는 신앙의 종착점을 망각한 데서 비롯된 것이라 생각됩니다. 한국 개신교는 한편으로는 하나님의 말씀을 온전히 받아 겸손히 순종하기보다는 부와 성공이라는 자본주의적 가치를 마치 신앙의 최종적 가치인 것처럼 오해하여 복음을 변질시켰고, 다른 한편으로는 이웃을 하나님의 사랑으로 따뜻하게 품고 돌보기보다는 오히려 그들을 배척하고 소외시키는 과오를 저질러왔습니다. 그래서 오늘의 많은 한국 교회들이 흐르는 강물이기보다는 고여서 악취가 나는 웅덩이로 전락하고 있는 것이 아닌가 싶습니다. 물을 내려받는 발원지와 그것을 전달하는 목적지의 두 축이 바로 서지 않은 상태에서의 교회의 사역은 어떤 문화적인 화려함으로 포장한다 해도 궁극적으로는 눈가림과 속임수가 되기 쉽습니다. 하지만 교회는 하나님의 성전과 세상의 가장 낮은 곳 어느 한 지점에 서서 그 사이를 흐르는 성령의 강물, 즉 하나님의 사랑의 흐름 속에 자신을 내맡긴 채로 존재한다는 것을 잊어서는 안 됩니다.

에스겔서의 비전은 하나님 사랑과 이웃 사랑이라는 성서의 가장 큰 두 강령과 동일한 메시지를 우리에게 전해줍니다. 하지만 이 사랑은 따로 분리된 사랑이 아니라 성령의 흐름 안에서 하나인 사랑입니다. 즉 하나님의 사랑을 제대로 받아 가장 낮은 곳을 향해 흘려보내라는 것입니다. 물론 낮은 곳으로 흐르는 물은 중간지대를 배제하지 않습니다. 물이 언덕과 들판을 가로질러 가듯이 하나님의 사랑도 높은 산과 사해 사이의 모든 지면을 관통합니다. 하지만 이런 중간지대가 물의 궁극적인 종착지가 아님도 분명합니다. 예컨대, 사랑의 강물은 강남에 고여 있지도, 분당에 머물러 있지도 않습니다. 그것은 강남과 분당을 거치나 거기서 머물지 않고 모두를 살리기 위해 계속해서 낮은 곳으로 흐르는 것입니다. 이것이 세상을 살리시는 하나님의 방법, 바꿔 말하자면 레위기에 나오는 안식년과 희년의 원리, 사도행전의 계층과 신분의 구별을 넘어 서로 필요에 따라 나누어 쓴 초대 공동체의 원리와 일맥상통하는 것입니다. 한국 개신교는 에스겔 47장에 담긴 비전의 그 깊은 영적 원리를 깨닫고 마음에 담아야 합니다.

에스겔 47장에 비추어볼 때, 우리는 한국의 복음화를 구령화로 동일시해서는 안 됩니다. 복음화는 그 안에 개인만이 아닌 사회의 성화를 필수적으로 포함하여야 합니다. 그렇지 않으면 구령화는 영지주의(gnosticism)나 비규범주의로 흐를 위험성을 다분히 안고 있습니다. 독자들의 이해를 돕기 위해 쉽게 표현해본다면 복음화는 구령화와 사회적 성화(기독교화)를 동시에 포함하고 있습니다. 구령화가 개인 전도에 초점을 맞춘다면, 사회적 성화는 기독교의 가치를 사회제도와 기관에 나누고 심화시키는 것을 의미합니다. 그런 점에서 한국 개신교의 복음화는 구령화에서 한 걸음 더 나아가 기독교화를 목적으로 하여야 합니다. 이렇게 하여야 구령화가 안고 있는 비규범주의의 위험을 극복할 수 있습니다.

## 2) 언더우드의 사회적 비전: 한국의 기독교화

바로 이 점에서 위의 에스겔 47장의 비전과 한국의 기독교화의 비전은 언더우드 선교사의 한국 선교의 비전과 일치합니다. 언더우드 선교사는 말하기를,

> 나는 [한국에] 기독교 가정들과 기독교 마을들과 기독교 위정자들, 그리고 기독교 정부가 세워지는 비전을 가지고 있습니다. 그리고 무엇보다 이들을 선한 영향력 안에 이끌고 갈 역량을 갖추고, 잘 훈련되어, 철저히 성별된 한국인들이 스스로 사역을 감당해나가는 조직화된 교회를 그려봅니다. 이 교회는 하나 된 비분파적인 그리스도의 교회로서, 그 안에서는 감리교인, 장로교인, 성공회인, 유대인이나 헬라인, 야만인이나 스구디아인, 노예나 자유인, 할례자나 무할례자의 구분을 뛰어넘은, 오직 그리스도가 만유 안에서 만유가 되신 그런 교회입니다.

우리는 언더우드의 비전 속에서 교회와 사회의 여러 기관이 분리되지 않고 오히려 교회의 선한 영향력 속에 한국 사회의 여러 분야—가정, 마을, 정치, 정부 등—가 성서적 가치 위에 바로 세워져 가는 것을 봅니다. 그는 이를 위해서는 경제적으로 자립하여, 영적·도덕적으로 존경받는 교회, 훌륭한 사회의 지도자들을 길러내는 중심에 교회가 서 있는 것이 중요하다고 보았습니다. 또한 교회들이 분파적·교단적 이해관계에 의해 자체 분란을 일으키는 것이 아닌, 단합된 모습을 통해 한국 사회에 복음의 능력을 실증하는 것입니다.

여기서 우리가 오해하지 말아야 할 것은 기독교화가 기독교의 교리와 규범을 타인들에게 강제적으로 요구하는 것을 의미하는 것이 아니라는 점입니다. 오늘날 기독교가 다문화·다종교사회에서 사용할 수 있는 사회적 성화의 방법은 설득과 모범, 대안의 삶의 양식을 제시하는 것입니다. 언더우드도 그런 방법을 사용하였습니다. 그는 기독교가 가진 초월성(또는 신비성)과 역사성의 조화라고 하는 최고의 장점들을 한국 사회에 잘 정리해서 성실하게 보여주었습니다. 언더우드의 한국에 대한 비전은 그리스도를 머리로 모시고 하나 된 한국의 교회가 힘찬 강물이 되어 사회의 모든 부분을 복음의 영향력으로 변화시켜가는 것을 의미합니다. 실제로 우리가 앞에서 살펴본 그의 여러 가지 사역은 그리스도의 교회가 사회를 선도하고, 계몽하며, 사람들의 삶에 복지를 가져오는 것이었습니다.

기독교화는 기독교의 진리를 시민사회 안에서 민주적 담론과 설득을 통해 나누는 것인 동시에, 기독교 세계관의 매력을 그리스도인들의 삶의 양식과 그리스도인들이 만든 여러 단체와 기관들의 모범을 통해 보이는 것입니다.² 한 예로 오늘날 한국의 여러 기업과 대학, 연구소들을 이끄는 서양의 합리적 조직과 민주적 운영 방식, 인사제도들의 상당 부분도 청교도 사상의 영향을 많이 받았습니다. 한국 평신도들이 이를 바로 깨닫고 청교도 신앙의 가치들을 한국 사회의 조직과 제도, 기관들에 잘 적용할 수 있다면 개신교는 한국 사회의 발전에 많은 공헌을 할 수 있을 것입니다.³

## 비전 실현의 출발점: 평신도 교육

성소가 하나님을 만나고 그분의 은혜를 체험하며 우리 속에 하나님 사랑, 이웃 사랑의 물줄기가 형성되는 곳이라면, 이 물줄기가 사해를 향해 관성을 잃지 않고 꾸준하고 또렷하게 흘러가게 하기 위해서는 평신도 교육이 중요합니다. 평신도 교육은 성도들의 성화를 돕는 중요한 방법 중 하나이기 때문입니다. 앞에서 우리는 하나님 나라와 성화를 강조하는 청교도 신앙이 목회자와 평신도를 교육시키는 일에 심혈을 기울였다는 것을 살펴보았습니다. 청교도의 변혁의 시발점은 교회지도자들과 성도들을 질적으로 향상시켰던 것에 있었습니다. 청교도는 가톨릭의 서열적(hierarchial) 조직이 주는 통일성과 통제 대신 성도 한 사

---

2 Horace G. Underwood, *The Call of Korea* (New York: Fleming Revell Co., 1908), 125.
3 Ken Hopper and Will Hopper, *The Puritan Gift: Triumph, Collapse and Revival of an American Dream* (New York: I. B. Tauris, 2007).

람 한 사람의 거듭남, 말씀에 대한 깊은 이해, 하나님과의 교통에서 얻어지는 성숙함이 진정한 교회를 만드는 것으로 믿었습니다. 이것이 그들이 주장한 만인제사장주의의 바탕이었습니다. 하지만 청교도들은 평신도들의 영성 훈련과 성숙이 없이는 만인제사장주의도 그 취지와는 달리 회중의 우중화로 전락될 위험이 많다는 것을 깨닫고 있었습니다.

한국 개신교가 위기의 극복을 위해 우선적으로 해야 할 일은 복음의 본질 위에서 목회자와 장로, 평신도를 질적으로 향상시키는 것입니다. 특히 목사와 장로들은 교회의 리더십을 형성하는 가운데 안으로는 교회를 이끌어가고 밖으로는 교회를 대변하는 위치에 있으므로, 이들의 질적 향상이 곧 개신교의 리더십의 향상임을 부인할 수 없습니다. 흔히 한국 사회에서 개신교의 사회적 신뢰도가 약한 이유를 가톨릭과는 달리 단일 지도력과 조직이 없어서 목소리가 하나로 통일되지 않기 때문이라고 말합니다. 하지만 개인과 하나님과의 관계, 양심의 자유를 중시하는 개신교는 지도자와 평신도의 신앙의 성숙과 공적 영성을 통해 제도적 단일성이 갖지 못하는 약점을 상쇄할 수 있습니다. 이 부분이 잘 짜여진 교회의 제자훈련의 커리큘럼이 감당해야 할 사명이라고 봅니다.

## 비전과 현장을 잇는 다리: 커리큘럼

평신도 교육은 좋은 커리큘럼을 통해 이루어집니다. 한국 개신교가 청교도들의 역사적인 예와 에스겔 47장에서 그 비전을 얻는다면, 또한 우리는 이 비전을 현실의 문제와 잘 연결시켜주는 커리큘럼을 개발해야 합니다. 커리큘럼은 이론을 현실로 이어주는 징검다리와 같은 역할을 합니다. 아무리 좋은 이상이라도 이를 구체적으로 실천해가는 방법과 과정이 없다면 현실 세계에서 꽃을 피우기가 어렵습니다. 즉 커리큘럼이라는 공정과정(processing)이 없는 비전은 막연한 꿈과 구호로 머물기 쉽고, 사람들이 처음에는 비전을 보고 왔다가도 얼마 되지 않아 기성화되어버립니다. 비전을 오늘 시대에 맞는 커리큘럼으로 전환해 나가는 작업은 제자화를 실천해가는 구체적 방법입니다. 청교도들이 깨달았던 것처럼, 체계적인 평신도 깨우기와 비전을 현실 속에 구체화하는 실천적 영성 없이는 개신교의 만인제사장주의는 생산적으로 운용될 수 없습니다. 사회적 비전이 우리가 함께 가야 할 방향과 목적지를 보여주는 것이라면, 커리큘럼은 비전을 의식의 변화와 실천(운동)으로 이끌어내는 과정이라고 봐도 될 것입니다.

모세도 가나안의 비전을 현실화하기 위해서 광야에서 백성들에게 율법을 주고, 예배생활을 일깨우며, 공동체 생활을 훈련하는 새사람 빚기 운동을 40년간 행하였습니다. 신약에서 예수님이 12제자들을 교육시키시고, 사도 바울이 두란노에서 제자들을 양육한 것도 같은 맥락입니다. 최근 여러 교회가 D12, NSD와 같은 소그룹 성경공부(제자훈련)를 통해 성도들을 정착, 교육, 훈련, 실천, 재점검하는 과정들을 행하고 있지만, 아직도 많은 부분에 있어서 복음의 공적 차원을 무시하고 개교회의 성장과 발전, 조직화로만 연결시키는 경향들이 농후한 것이 사실입니다.

한국 개신교는 교인들을 교회 내의 중직이나 일꾼으로서만이 아닌 하나님 나라의 제자로 길러내는 커리큘럼을 만들어야 합니다. 그리고 이 커리큘럼 안에는 신학적 성찰과 사회적 분석을 바탕으로 하여, 제3장에서 본 친밀성과 공공성, 카리스마와 이성, 특별 계시와 일반 계시, 구원론과 창조론의 조화가 녹아 있어야 합니다. 하나님과 친밀하면서도 공적인 커리큘럼을 통해, 사회의 각처에서 자신들의 소명에 따라 하나님의 영광을 드러낼 제자들을 체계적으로 길러내야 합니다. 자원이 거의 없는 한국이 세계 10위권의 경제 대국이 될 수 있었던 결정적 원동력은 바로 인재를 양성하는 데 성공하였기 때문입니다. 그런 점에서 그리스도에 의해 변화되고 하나님의 영에 의해 창조적인 상상력을 키우는 사람들이 곧 한국의 개신교의 진정한 힘이요 재산이라고 말해도 과언이 아닐 것입니다.

이런 커리큘럼을 통한 훈련 없이는 한국 개신교는 모든 성도의 에너지와 열정, 자원을 개교회 안에 가두어두고 말 것이며, 세상의 빛과 소금이 된다는 것은 그저 막연한 바람이나 이론에 불과할 것입니다. 개교회의 눈높이가 자기 교회의 울타리를 뛰어넘지 못하고, 성도들의 훈련 목적도 교회에 대한 충성이 전부가 된다면 어떻게 세상 속에서 하나님의 영광을 위해 자신을 불태우고 녹일 빛과 소금이 될 수 있겠습니까? 이것은 도덕적인 당위성이나 요구만으로 되는 것이 아니라, 내면의 성령의 임재와 소통(communion) 안에서 한 사람 한 사람이 공적 영성을 갖춘 사람으로 성장함으로써 이루어지는 것이므로, 잘 짜인 커리큘럼과 교회 공동체 내에서의 훈련을 통해 지속적으로 해나가야 할 과제입니다.

## 커리큘럼의 예: 모세의 광야 사역

커리큘럼의 중요성은 출애굽기에서 신명기에 이르는 모세의 목회에 잘 나타나 있습니다. 모세는 해방자이자 입법가요 교육자였습니다. 그는 이스라엘 백성에게 사회적 비전과 더불어 그 비전을 이루는 구체적 방법을 제시한 자였습니다.[4] 이런 모세의 안목은 수천 년이 지난 후 청교도들에 의해 새롭게 체득되고 실천되어 영미문명을 탄생시키고 꽃피게 했습니다.

모세는 깊은 신학적 성찰의 소유자였습니다. 그는 당시 강대국들의 이데올로기와 제도의 한계를 야웨에 대한 신앙 안에서 분석하며, 대안적인 삶의 비전과 방법론, 대안적인 국가와 민족으로서의 비전과 방법론을 제시한 신앙지도자였습니다. 모세가 제시한 가나안의 비전은 단순히 개인의 축복과 자기민족의 번영에만 국한되는 것이 아니었습니다. 그것은 단순한 영혼 구원의 차원을 넘어 인류 전체가 하나님의 자녀로서 어떻게 풍성한 생명의 삶을 살아갈 수 있을지를 고민하는 역사적이고 창조적인 것이었습니다.

그의 신앙에는 하나님과의 개인적 친밀함과 더불어 민족을 사랑하는 공적 영성이 잘 어우러져 있었습니다. 모세의 사역의 위대성은 그가 400여 년간에 걸친 고난과 압제 속에 있는 백성을 구출해내었다는 것과 함께, 한 걸음 더 나아가 노예였던 이스라엘 백성들을 세계 최상의

---

4 이러한 출애굽, 입가나안의 모델은 앞에서 본 청교도 사상에도 적용되었습니다. 청교도들은 모세의 출애굽, 광야 그리고 가나안(약속의 땅)을 그들의 신앙과 정치와 사회 변혁의 모델로 삼았습니다.

민족(열방의 빛, 제사장의 나라)으로 만들고자 하는 데 있었습니다. 400여 년 동안을 애굽에서 노예의 삶을 살아온 백성들이 갑자기 자유와 물질과 권리가 주어진다고 해서 그들의 문제가 해결되는 것이 아니라는 것을 모세는 잘 알고 있었습니다. 오히려 하루아침에 자유를 얻은 백성들은 주어진 자유와 물질을 얼마든지 악용하여 방종과 부패의 나락에 빠질 수 있었습니다. 또 자신도 모르게 애굽 사람들로부터 배운 압제와 착취를 사회 내의 약자들에게 행사할 수도 있는 것이었습니다. 따라서 노예 상태로부터의 해방은 외적·물리적 해방만이 아닌 영적·정신적 해방을 동시에 요구합니다. 자신들 속에 내면화(internalized)된 노예 제도의 여러 정신적 악영향으로부터 벗어나는 것이 없이는 외적·물리적 해방은 불완전하기 때문입니다. 그리고 이 작업은 과거의 노예 생활에 대한 냉철한 성찰과 더불어 미래의 삶에 대한 새로운 훈련을 필요로 합니다.

이런 냉철한 이해를 바탕으로 모세는 출애굽의 목회에 이어 입가나안의 목회에 몰두했습니다.

출애굽 후 광야에서의 모세의 사역은 이스라엘 백성들의 영성 속에, 진밀성과 공공성, 특별 계시와 일반 계시, 카리스마와 이성, 구원론과 창조론을 잘 이어주는 작업이었습니다. 생육하고 번성하라고 하신 창세기의 비전을 입가나안을 통해 이스라엘 백성들에게 다시 이루시고자 한 것이 하나님의 뜻이었습니다. 따라서 출애굽에서 가나안으로 가는 여정은 이를 위한 인간 회복, 형상 회복의 과정이었습니다. 이스라엘 백성들에게 출애굽의 경험은 하나님이 행하시는 일방적 구원의 능력을 바라보고 감격해하는 단순한 것이었으나, 광야에서의 신앙은 이런 단순함을 넘어 제사장의 민족, 열방의 빛으로서 세상에 리더십

| 목회사역의 패러다임 | 출애굽 | 입가나안(광야) |
|---|---|---|
| 사역의 내용 | 가나안이라는 비전 제시와 해방 | 커리큘럼 제공 |
| 사역의 강조점 | 물리적·경제적·정치적 자유와 해방 | 새로운 신앙의 인격적 존재, 하나님의 언약의 파트너, 제사장의 나라, 열방의 빛이 되는 새로운 백성으로 빚어짐 |
| 자유의 내용 | …으로부터의 자유 | …에로의 자유 |
| 싸움의 상대 | 바로의 정권 | 자신 안에 내면화된 노예 근성 |

을 발휘할 수 있는 역량을 깨닫고 체득하며 실현시키는 훈련이었습니다. 즉 광야 훈련은 그저 앉아서 먹여주기를 기다리는 유아적인 신앙이 아니라, 가나안이라는 유산을 이어받을 책임 있는 하나님의 자녀, 하나님의 동반자로서 성장하는 훈련이었습니다. 이렇게 구원의 과정에서 생긴 믿음을 바탕으로 이제 하나님의 영적·도덕적인 백성으로 빚어져 가는 과정이 필수적입니다. 출애굽은 하나님께 구원을 달라고 부르짖고 그에 대한 응답으로 하나님이 하시는 구속의 일을 바라보는 것으로도 가능하나, 입가나안은 거듭되는 성찰과 실천을 통한 신앙의 성숙과 성장 없이는 불가능합니다. 이 성숙과 성장에는 신앙 안에서의 자유의 의미에 대한 이해, 그리고 하나님의 형상 회복(창조 회복)과 사명(성화의 비밀)에 대한 이해가 요청됩니다. 거듭 말하자면 광야생활은 노예들이 하나님의 백성으로 새롭게 빚어지는 과정입니다. 이런 빚어짐의 과정은 빈 백지에 그냥 쓰이는 것이 아니라 의식 속에 깊게 뿌리박힌 과거 노예 생활 때의 사고방식을 극복하고 동시에 주변 국가의 종

교 문화와 구별되어야 하는 것을 의미했습니다. 모세는 애굽을 뛰어넘는 새로운 문명의 패러다임을 제시함으로써 이스라엘로 하여금 몸만 출애굽한 것이 아니라, 사상과 철학, 제도와 문화, 삶의 양식까지도 출애굽하도록 도와서 입가나안의 비전에 걸맞은 사람들로 훈련시켰습니다. 그런 점에서 광야 40년은 성화의 과정이자, 사명의 이해 과정이며, 자유의 바른 사용에 대한 인식의 과정입니다. 모세는 십계명을 위시하여 613가지의 구체적 규범을 제시함으로써 노예의 백성이 하나님의 백성이 되는 데에 합당한 방향과 내용을 보여주었을 뿐만 아니라, 매일의 신앙 훈련을 통한 계명의 내면화·성품화를 추구하였습니다. 그는 또한 이스라엘 백성에게 이성을 사용하여 하나님이 창조하신 세계의 사물을 연구하고(출 15:25 참조), 법제를 세우고, 제도를 만들며, 공동체를 이루고 자치적으로 다스려갈 수 있는 역량들을 키워주었습니다. 그리고 그는 이 비전 안에서 예배, 공동체 생활, 가치와 규범의 삶과 방향을 제시했습니다.[5] 구체적으로 보면 레위기를 통해 예배의 법도와 목적과 내용을 제시하는 가운데 그 목적이 거룩함이라는 것을 밝히고, 민수기를 통해 조직과 공동체 생활을 가르치고, 신명기를 통해 신앙인들이 구체적으로 매일의 삶의 여러 현장과 환경에서 살아갈 때 따라야 할 구체적 가치관과 규범을 가르쳤습니다. 출애굽기에서 신명기에 이르는 말씀들은 이스라엘 백성들을 위한 모세의 커리큘럼이라고 봐도 될 것입니다. 이 커리큘럼은 예배와 윤리, 개인과 사회, 신앙과 역사 속에서의 삶을 유기적으로 연결해주는 심도 있는 작품이었습니다. 모세오경은 레

---

5 출애굽기, 레위기, 민수기, 신명기를 참조하십시오.

위기의 예배가 상징하는 친밀성과 십계명이 대표하는 공공성이 조화를 이루고 있으며, 성도들의 삶 속에 구름기둥 불기둥이 상징하는 카리스마적 신앙 경험과 율법, 법도를 연구하는 이성이 잘 융합됨을 보여줍니다. 한 걸음 더 나아가 신명기의 경우에 있어서는 이런 공동체의 신앙 경험과 예배와 도덕의 규범을 항상 재해석하여 다음 세대에 전달함으로써 공동체가 변화하는 사회 속에서 새로운 신앙의 삶의 양식(패러다임)을 창출하는 신학적 사고를 요구하고 있습니다.

이런 모세의 목회가 오늘 한국 개신교에 시사하는 바는 참으로 큽니다. 지금까지 한국 개신교는 출애굽에만 초점을 둔 패러다임이었지 입가나안의 방향을 제시한 신앙 패러다임은 아니었습니다. 그렇기에 결국은 광야생활의 불안을 극복하지 못하고 금송아지를 만들었던 아론과 이스라엘 1세대 백성들처럼, 세상의 부와 권력을 사모하다가 실패하는 것입니다. 모세는 우리에게 입가나안의 패러다임이 없는, 곧 출애굽만의 신앙생활은 불완전한 반쪽에 불과하다고 말해줍니다. 입가나안의 목적이 확고하지 못한 백성들은 홍해를 건너는 엄청난 구원사건을 경험한 이후에도 끊임없이 하나님께 원망하고 갈등하며 애굽으로 돌아가기를 바라는 등 광야의 여러 시험과 유혹에서 흔들리는 모습을 보여줍니다. 현재 한국 개신교가 겪고 있는 위기와 신뢰의 상실도 이렇듯 입가나안의 공적이고 역사적인 비전과 커리큘럼이 없기 때문에 흔들리고 있는 것이라 이해해도 무방할 것입니다.

이제 한국 교회는 우리 사회에 출애굽적인 신앙뿐만 아니라, 입가나안적인 신앙을 제시할 수 있어야 합니다. 마치 모세가 자신과 민족의 여러 아픔과 모순의 경험을 야웨 하나님에 대한 신앙을 통해 깊이 고민하는 가운데 "약속의 땅"이라는 인류 새 공동체의 비전을 만들어낼 줄 알았던 것과 같이, 한국 교회도 우리가 겪은 여러 아픔, 즉 일제 식민지의 핍박과, 한국 전쟁과 분단의 고통과 가난, 민주화 과정에서 겪은 아픔을 야웨 신앙으로 여과하며, 이를 바탕으로 인류사회에 공헌할 수 있는 비전과 가치를 창출하는 역할을 감당해야만 합니다. 그렇지 못하면 출애굽했던 세대가 광야에서 몰락했던 것처럼 한국 개신교도 권력과 부의 유혹 속에서 몰락을 경험할 가능성이 농후합니다. 이것이 출애굽과 입가나안의 교훈입니다.

우리는 모세의 출애굽과 입가나안의 사건에서, 창조주 하나님의 세계 경영의 큰 파노라마를 봅니다. 출애굽이 하나님의 하나님 되심을 경험하는 사건이었다면, 입가나안은 이제 자신의 욕심 속에 갇히지 않고 이웃과 세계를 위해 빚어져 가는 제사장적인 민족을 만드는 과정이었습니다. 그리고 출애굽과 광야 40년의 훈련을 통해 변화된 사람들이 하나님의 영광과 세계 경영의 도구로 쓰임 받았듯이, 하나님은 오늘도 우리들을 불러서 하나님 나라를 위해 쓰임 받는 공적 사람들(public persons)로 만들어가십니다. 특히 오늘날과 같이 신자유주의 시장경제에 의해 빈부격차가 커지고, 점차 일자리가 줄어들며, 생태계가 파괴되어가고, 자원이 고갈되어가는 이 시대에 있어서 모세의 사역은 모든 교회가 함께 공유할 수 있는 비전을 제시해줍니다. 즉 세계가 애굽처럼 경제적 피라미드에 의해 지배되는 시대에, 모세의 출애굽과 입가나안은 교회가 머물러야 할 자리가 세상의 왜곡된 경제구조(애굽)가 아니라 애굽을 뛰어넘어 가나안으로 인도할 수 있는 대안적인 비전을 제시해주어야 함을 의미합니다. 모세의 예가 단순히 과거의 역사적 사건에 국한되는 것이 아니라 하나님이 모든 시대의 그리스도인들을 향하여 갖고 계신 뜻이라면, 한국 개신교회도 이제 민족을 향한 입가나안의 비전 제시와 함께 오늘의 시대에 맞는 커리큘럼의 구성을 통해 민족을 하나님이 쓰시는 명품민족으로 빚어가야 할 것입니다.

그렇다면 우리는 어떻게 이런 커리큘럼을 개발할 수 있을까요? 어떤 원리와 기준을 따라 커리큘럼을 구성해야 할까요?

## 커리큘럼 구성의 원리: 2=10=613

커리큘럼 구성의 기본 원리를 2=10=613이라 정의할 수 있겠습니다. 에스겔 47장이 하나님 사랑과 이웃 사랑의 두 계명을 회화적으로 우리에게 보여준다면, 모세의 십계명은 이 사랑을 현실 역사 속에서 실천해가는 데 있어서 꼭 지켜야 할 기본 사항들을 알려줍니다. 두 돌판에 새겨진 모세의 십계명은 하나님 사랑과 이웃 사랑을 구체화한 것으로서 하나님, 이웃, 그리고 자연과의 관계라는 우리들의 삶의 가장 기본적 토대를 보여주고 있습니다. 세계 안에서의 교회의 사역은 하나님 사랑과 이웃 사랑이라는 두 강령을 바탕으로 하여야 합니다. 동시에 교회가 이를 실천하고 있는가를 판단하는 것은 십계명이라는 최소한의 요구(minimal requirements)를 통해 이루어집니다. 즉 하나님 사랑과 이웃 사랑은 십계명의 요구를 충족시켜야 하는 것입니다.

하지만 모세는 두 대강령을 십계명으로 구체화시키는 데만 그치지 않습니다. 인간의 삶이 정치, 경제, 사회, 문화, 가정, 교육 등의 총체적

산물인 관계로 십계명만을 갖고는 사회의 여러 구체적인 사안과 문제 앞에서 막연해질 수도 있습니다. 한 예로 "네 이웃의 것을 탐내지 말라"는 계명 하나로 복잡한 경제문제들을 다 통괄할 수 없습니다. 이것이 가장 기본적인 규범인 것은 맞지만 좀더 상세한 안내가 필요합니다. 그래서 모세오경에서는 십계명을 613가지의 규율(ordinances)로 다시 구체화해주고 있습니다. 십계명이 하나님의 인류 통치의 정도를 말해주는 헌법이라면, 613가지의 계명은 민법, 가정법, 형사법, 부동산법 등의 하위법이라 볼 수 있습니다.

 우리는 대강령과 십계명의 가치와 의미를 바르게 이해하고 이를 613가지의 계명을 통해 교회가 속한 지역, 문화, 사회 안에서 적용(contextualize)시켜가야 합니다. 즉 613가지 규율은 십계명의 성육신화 또는 지역화(localization, contextualization)를 의미합니다. 위의 원리를 공식으로 정리한다면 2=10=613인 것입니다. 두 가지 대강령이 사랑 되신 삼위일체 하나님의 존재하심과 활동을 역사 속에 재현하는 것이라면(즉 우리 인간을 사랑 안에서 언약의 파트너로 초대하여 영원히 교제하기 원하시는 것), 십계명은 하나님과 인간 사이의 언약의 구체적 내용이며, 인간이 피조물로서 살아가는 기본 원칙, 원리, 규범을 말해줍니다. 이런 십계명은 시대와 공간을 초월하여 하나님이 세상을 통치하시는 기준과 규범이므로 영원한 것입니다. 하지만 십계명의 이런 요강도 오늘처럼 세계화와 과학화로 급속히 변화되어가는 사회 속에서 성도들의 삶을 구체적으로 이끌기는 부족합니다. 기독교 규범이 적실성을 갖기 위해서는 오늘날 사회 현장의 윤리와 규범으로 다시 표현되어야만 성도들의 삶이 정리되고 힘을 얻을 수 있습니다.[6] 그러므로 우리는 하나님 사랑과 이웃 사랑을 반영하는 십계명의 가치와 의미를 오늘날 다시 한 번 생각하며, 이를 모세오경의 613가지의 규율처럼 한국 교회가 놓인 사회적 정황에 맞게 번역해나가야 합니다.

이 번역이 어떻게 이루어져야 하는가는 앞에서 말한 바와 같이 신학적 성찰과 함께 사회과학을 이용한 사회와 문화현장의 분석(사회제도, 경제구조, 문화적 습성, 인간행동 양식 등)이 필요합니다. 이 번역은 친밀성과 공공성, 카리스마와 이성, 특별 계시와 일반 계시, 구원론과 창조론의 조화라는 신학적 틀을 바탕으로 이루어지며, 그 결과 성도들이 살아가는 데 도움이 되는 구체적 행동방향과 기준을 제공할 수 있어야 합니다. 이것은 목회자 단독이 아닌 많은 신학자들과 전문직에 종사하는 신앙인들 공동의 분석과 분별을 필요로 합니다.

우리는 이제 개교회만이 아닌 사회 속에서 살아가는 성도들의 여러 삶의 현장에 적합한 신앙의 방향과 규범을 제시해주어야 합니다. 이 방향성에 대해 이 글에서는 가정, 직업, 지역사회, 시민사회라는 네 가지 현장을 대상으로 간단히 살펴보고자 합니다. 가정에서 시민사회에 이르는 경로는 동심원적인 것으로 성도 개개인이 살아가는 중요한 여러 현장을 연결해서 보여줍니다. 여기서 살펴보는 커리큘럼의 작업은 매우 기초적인 것으로 구체적인 내용과 규범의 제시는 다음 기회에 미루고, 우선 왜 이 현장들이 중요하며, 각 현장에서 우리가 가져야 할 방향과 자세는 어떤 것인가를 간단히 생각해보고자 합니다.[7]

---

6  칼빈도 십계명의 틀 안에서 613가지의 계명을 분류하고 재정리하고자 하였습니다.
7  필자는 최근에 두 명의 한인 2세 신학자들과 함께 재미 한인 청소년들을 위한 정체성 커리큘럼, 『정체성』(iDentity)을 출판했습니다. 이 커리큘럼의 목차와 배경, 구

## 커리큘럼 구성의 현장

### 1) 가정 내에서의 신앙 교육

강물이 사해를 향해 지속적으로 흘러가되, 가장 가까운 곳부터 적시며 나아가듯이 우리의 신앙과 목회도 우선적으로는 가정에서부터 시작해야 합니다. 특히 자녀들의 신앙 교육에 우선적인 초점을 맞춰야 합니다.

자녀들은 우리들의 가장 가까우면서도 소중한 이웃입니다. 이웃 전도도 중요하지만 자녀들을 신앙으로 바로 세우지 못하는 교회는 미래를 잃어버릴 수밖에 없습니다. 반대로 자녀전도에 성공하는 교회는 망하지 않습니다. 2천 년 동안 나라를 잃고 유리한 유대인들의 역사가 이를 증명해주고 있습니다. 한국 개신교도 타인에 대한 전도와 선교, 교회의 봉사에 힘쓰는 것도 중요하지만, 가정에서 자녀들의 신앙 교육에 더 깊은 관심을 기울여야 합니다. 신명기 6장은 구약에서 가장 중요한 말씀 중 하나입니다. 이 장을 자세히 살펴보면 모세는 이스라엘 사람들에게 하나님을 마음과 뜻과 정성을 다해 사랑하고 이를 마음에 새기라고[8] 당부한 후, 곧이어 이 말씀을 언제 어디에서나 자녀들에게 강론할 것을 명령하고 있습니다.

유대인들이 디아스포라적인 경험 속에서 주변인으로 또는 압제받

---

성방법은 www.g2gcenter.org에서 볼 수 있습니다.
8 어떤 구약학자들은 여기서의 말씀이 하나님 사랑과 이웃 사랑의 두 가지 대강령, 그리고 신명기 4장에 나온 십계명을 통괄하여 말한다고 봅니다.

는 소수민족으로 살면서도 이중문화 속에 사는 자녀세대를 신앙 안에서 키울 수 있었던 것은 바로 신명기의 가르침을 제대로 이해했기 때문입니다. 이렇게 우리의 가정은 생명의 강물이 흘러가며 채우는 가장 첫 번째 자리여야 합니다. 사실 미국이나 한국 교회에서 일어나는 젊은 세대의 급속한 이탈은 부모세대가 자녀들에게 하나님의 말씀을 강론하는 것을 게을리하거나 실패한 데서 일어나는 현상입니다. 지금이라도 우리 세대는 하나님의 말씀을 자녀들에게 다시 강론해야 합니다. 강론이란 기계적 암기나 혹은 받아 적게 하는 것과는 다릅니다. 이것은 말씀을 생활의 현장에서 자기의 것으로 이해하고 깨달으며 가치화하는 과정입니다. 그런 점에서 말씀의 세계관이 가치화, 내면화, 생활화가 되어 있지 않은 부모는 자녀와 말씀을 강론할 수 없습니다.

일관성 있는 가치관을 사회가 공유하지 못한 탈근대사회의 혼란과 세계화 시대의 경쟁 속에서 자라나는 아이들은 바른 정체성과 높은 자아감을 갖기 어렵고 자기중심적 성격과 주장이 강합니다. 이렇게 자라는 자녀들에게 단순히 기도해라, 성경 읽어라, 주일예배 빠지지 마라는 식의 간단한 규범적 요구만 거듭하는 것은 점점 설득력을 잃어가고 있습니다. 우리는 이런 규범 뒤에 있는 신학적 이유와 더불어 우리 세대의 신앙 경험들을 그들에게 신학적 해석을 통해 전해주어야 합니다. 예를 들면 마치 유대인들이 유월절을 자녀들에게 설명해주듯, 언제 어디서 어떻게 우리 고유의 새벽기도가 생겨났으며, 그 의미는 무엇이며, 새벽기도가 왜 한국 개신교에 소중한 영성의 실천인지 설명해주어야 합니다. 동시에 신앙에 대한 질문들을 던지는 것을 억제하지 말고, 시간이 걸리더라도 서서히 스스로 신앙의 답을 찾아가도록 도와야 할 것입니다.

한 걸음 더 나아가, 우리는 자녀들에게도 2=10=613의 원리를 따른 신앙적 가치관 정립의 기회를 제공해야 합니다. 그들의 삶 속에서 십계명이 무엇을 의미하는지 서로 자유로이 이야기해볼 필요가 있습니다. 이런 자유로운 대화의 기회 없이 신앙 가치관은 저절로 생기지 않습니다. 위에서 말한 바와 같이 한국 개신교의 전통적·권위적·유교적 윤리가 오늘의 민주주의와 탈근대주의의 여러 체계와 조화를 이루지 못하고 있는 상황에서 우리들이 자녀들의 신앙적 가치관을 새로이 구성해 주지 못한다면 자녀들은 두 개의 가치의 틀 속에서 갈등을 겪을 수밖에 없습니다. 즉 집과 교회에서는 그리스도인인 척하나, 학교에서나 친구 사이에서는 이와 다른 이중적 삶을 사는 자녀들이 늘어나고 있습니다. 이런 갈등의 부분들을 잘 도와주지 못하면, 우리 자녀들은 점점 성인이 되어가면서 신앙으로부터 멀어지거나, 아니면 부모와 함께 교회를 다닌다 해도 형식적인 신자의 수준을 못 벗어납니다.

## 2) 천직의 사명 교육

다음으로 적실한 커리큘럼을 통해 우리의 신앙의 틀이 형성되어야 할 곳은 바로 천직의 현장입니다. 오늘날 한국의 그리스도인들이 갖고 있는 가장 큰 고민 중 하나는 신앙과 사회생활, 교회와 세상과의 관계를 어떻게 조화시킬 수 있는가 하는 것입니다. 만일 교회가 성도들에게 사회 속에서 어떻게 그리스도인으로서 살 것인가 하는 방향과 내용을 제시하지 못하면, 그들은 다시 죄에 빠지든지 혹은 사회의 일반 윤리를 자신도 모르는 사이에 따라갈 수밖에 없습니다. 실제로 오늘날 한국 교회가 천직의식을 제대로 가르치지 못하므로 성도들이 예배를 통해 얻은 정열과 에너지들을 그들의 삶에 제대로 연결하지 못하는 경우들이 비일비재합니다.

이 점에서 앞에서 본 청교도들의 천직사상이 우리에게 시사해주는 바가 큽니다. 청교도들의 천직의식은 (1) 개개인은 예정되고 선택받은 존재이며, (2) 동시에 각자가 사회에서 감당해야 할 독특한 사명이 있다는 것을 가르치고 있습니다. 이것은 신앙의 개인적 경건성(하나님과의 친밀성)과 사회적 사명(공적 영성)을 조화롭게 정리해주는 것입니다. 천직은 먼저 하나님에 대한 신앙 안에서의 "자기 발견"이라는 바탕에서 출발합니다. 이는 하나님이 우리 자신을 얼마나 깊이 사랑하고, 또 나를 왜 이 땅에 태어나게 했으며, 자신에게 특별히 주어진 사명이 무엇인가를 깨닫는 것입니다. 동시에 천직의 삶은 하나님 나라를 위한 공적인 삶입니다. 앞 장에서 본 것과 같이 천직의식은 사회적 성화의 문제와 밀접한 관련이 있습니다. 천직의식을 가진 신앙인들은 삶의 다양한 분야에서 "의"와 "선"을 행하며, 그 분야의 발전을 위해 힘쓰게 됩니다.

이런 하나님과의 친밀성과 공적 영성의 조화는 예레미야를 부르시는 말씀에 잘 나타나 있습니다. "여호와의 말씀이 내게 임하니라 이르시되 내가 너를 모태에 짓기 전에 너를 알았고 네가 배에서 나오기 전에 너를 성별하였고 너를 여러 나라의 선지자로 세웠노라"(렘 1:4-5). 이 말씀처럼 하나님은 우리 한 사람 한 사람을 친히 알고 계시며 또 우리를 향한 멋진 계획을 가지고 계십니다. 이 계획은 구체적으로 우리의 천직을 통해 삶 속에 표현됩니다. 천직신앙은 성도 개개인이 경험하는 하나님과의 친밀성의 에너지가 외부로 뻗어나가 열매 맺도록 하는 것이며 그럼으로써 개인의 삶 속에서 하나님의 뜻이 이루어지도록 하는 것입니다.

하나님 나라가 신앙의 궁극적인 지평이라면, 천직은 바로 이 숭고한 목적을 평신도들의 삶의 한가운데서 실현해나가도록 하는 제자도인 것입니다. 천직사상은 한국 개신교회가 하고 있는 교회 내의 제자훈련을 교회 밖의 성도들의 삶의 현장과 연결시켜주는 신앙적 고리가 되는 것입니다.

오늘과 같이 첨단 문명을 경험하는 사회에서는 자신의 삶 속에서 창조적으로 신앙을 증명하는 것이 가장 효과적인 전도의 수단이 될 수 있습니다. 그리스도인들이 살아가는 모습과 내용이 비그리스도인들에게 매력적으로 보일 때 전도의 바탕은 자연스럽게 갖추어지게 됩니다. 예수님은 "너희가 열매를 많이 맺으면 내 아버지께서 영광을 받을 것이요 너희는 내 제자가 되리라"(요 15:8)고 말씀하셨습니다. 여기서의 열매란 단순히 도덕적 삶이나, 선교, 전도 등만을 의미하는 것이 아닙니다. 그것은 우리의 직업을 포함한 삶 전체를 뜻합니다. 현대인들이 삶의 가장 많은 시간을 일터에서 보내는 것을 감안할 때, 삶으로 열매 맺는다는 것은 바로 자신의 신앙을 일터 안에서 창조적으로 구현하는 것입니다. 그리스도인들이 자신의 전문 분야에서 이렇게 열매 맺는 것이야말로 전도의 바탕을 이루는 것이며 하나님께 영광을 돌려드리는 지름길이 됩니다. 본회퍼는 그리스도인들의 이런 세상 속에서의 제자도가 바로 "주의 길을 평탄케 하는 것", 즉 사람들로 그리스도를 받아들이기 쉽게 하는 것이라고 했습니다.

지금 한국 사회의 여러 의식 있는 시민들은 자신의 직업을 통해 생존의 문제를 해결하는 것을 넘어서 어떻게 사회의 공공선을 증진하며 또 그 안에서 자기를 실현해나갈 것인가 하는 문제를 고민하고 있습니다. 이런 사람들에게 기독교의 천직 사상은 다른 종교들과는 달리 신앙을 통해 개인의 자기실현의 욕구를 공공선을 증진시키는 차원으로 승화시킬 수 있도록 도와줄 수 있습니다.

## 3) 지역사회에서의 사역

교회가 성도들의 가정에서의 자녀 교육과 천직 교육에 이어서 관심을 가져야 할 곳은 교회가 몸담은 지역사회입니다. 마치 성소에서 흘러나온 강물이 가는 곳마다 그곳의 빈 공간들을 채우고 생명을 일깨워내듯, 지역교회도 지역을 흐르는 강물로서 지역사회를 살리고 깨워야 합니다. 우리는 "하나님 사랑과 이웃 사랑"이라는 두 가지 대강령과 십계명을 바탕으로, 우리가 살고 있는 지역사회 안에서 필요한 사역을 찾고 만들어가는 것입니다. 이를 성육신적인 목회라고 부를 수 있겠습니다. 성육신적인 목회란 개교회가 자신이 속해 있는 지역사회와 공동체에 깊이 뿌리를 내리고 관여하면서 지역사회가 느끼는 필요와 욕구에 대해 조직적·체계적으로 응답하는 것입니다. 지금까지 한국 개신교회는 해외 선교나, 대형교회를 비전으로 삼고 거기에 에너지를 집중한 결과 자신이 속한 지역사회와는 유리된 경우들이 많았습니다. 하지만 모든 개교회 목회는 엄격한 의미에서 지역 목회이며, 지역사회에 맞게 적응하는 상황적(contextual) 목회입니다. 예수님도 부활 후 제자들에게

"오직 성령이 너희에게 임하시면 너희가 권능을 받고 예루살렘과 온 유대와 사마리아와 땅 끝까지 이르러 내 증인이 되리라 하시니라"(행 1:8)고 말씀하셨습니다. 이는 성령의 역사가 내 주변과 지역의 변화를 거쳐서 더 넓은 지역으로 확장됨을 보여주는 것입니다. 특별히 이제 한국도 계층적인 차이, 지역문화 간의 차이 등이 뚜렷이 나타나면서 지역사회와 이웃의 여러 사회적 변화에 대한 이해가 중요하게 되었습니다. 이때에 한국 교회가 지역사회 안에 뿌리를 내린 가운데 지역사회의 문제를 잘 분석하고, 이에 맞는 프로그램을 창출해낸다면, 한국 교회는 주변에서 인정받는 교회가 되고, 한국 개신교에 밝은 미래를 가져올 것입니다. 이런 지역사회 성육신적 목회야말로 기독교 교리의 본질을 실천하는 목회인 것입니다.[9]

## 4) 시민사회와의 관계

지금까지 가정, 천직, 지역사회를 살펴보았다면 이제 교회와 시민사회와의 관계를 살펴볼 필요가 있습니다. 오늘날의 시민사회는 여론을 생산하는 곳으로 여러 비영리적인 조직, 기관, 단체가 어우러진 시민사회는 정부와 기업의 전횡을 견제하고, 사회 전체의 공동선을 증진하기 위해 분투하는 곳입니다. 한국의 시민단체들은 사회와 국가의 삶의 질에 지대한 영향을 끼치는 이슈들을 놓고 여론을 형성하여 정책결

---

9 이를 위해서는 목회자들과 교회 평신도 지도자들이 지역사회를 연구하는 기본 기법과 방법론들을 배울 필요가 있으며, 이런 부분들은 요즈음 미국에서 연구되는 Congregational Studies, Missional Church Studies를 통해 도움을 얻을 수 있습니다.

정에 영향을 주고 있을 뿐 아니라 필요할 경우 국제사회의 여러 NGO 와 연합하는 것을 마다치 않습니다. 특별히 군사 독재 세력과 맞싸워 민주화를 획득한 한국의 시민사회는 다른 어느 나라보다 강한 에너지 와 발언권을 갖고 있습니다.

한국 개신교가 사회적 성화를 실천하려면 이런 시민사회와 접촉하고 교류하는 것을 피할 수 없습니다. 그런데 한국과 같이 여러 종교가 공존하는 사회 안에서 한국 개신교는 사회적 성화의 실천 과정에서 다양한 신앙적 입장을 가진 사람들과 조우하며 활동할 수밖에 없습니다. 그러므로 이 상황에 맞는 지혜가 필수적입니다. 먼저 한국 개신교가 시민사회 안에서 효과적으로 활동하기 위해서는 시민사회의 기본 규범이 복음의 근본적인 고백과 상충되지 않는 한 이를 인정하고 존중해줄 필요가 있습니다. 또 개신교 내부의 잣대와 규범을 그대로 시민사회에 강제하려는 무리수를 범해서는 안 됩니다. 오늘날 보편적으로 통용되는 도덕과 윤리의 기준보다 더 높거나 최소한 비슷한 수준의 윤리적 기준을 만족시킬 수 있는 도덕적 역량을 교회가 갖추어야겠습니다. 그리고 시민사회에 대한 바른 지식과 이해를 바탕으로 모든 이슈에 대해서 항상 대화와 설득의 자세를 견지할 수 있어야 합니다.

특별히 현실 정치문제에 관여함에 있어서는 많은 주의가 요구됩니다. 물론 정치가 국가사회 전체의 복지 성패를 결정하는 것이기 때문에 교회가 정치에 대해 무관심해서는 안 됩니다. 하지만 특정 정치인이나 정당을 교회가 공개적으로 지지하는 것은 극도로 자제하고 피해야 합니다. 그것은 특정 정치인과 정당이 좋은 업적을 이루는 것에 대해서는 교회가 보통 별다른 칭송을 받지 못하고, 반대로 실수와 실패에 대해서는 교회가 공동의 책임을 져야 하기 때문입니다. 교회가 특정 정치인과 정당을 공개적으로 지지하는 것은 결국 개신교를 사회의 여러 이익집단 중 하나로 전락시키는 것이며, 이럴 경우 교회는 스스로의 신앙적인 정체성에 손상을 입을 뿐만 아니라 사회 안에서 자신의 권위를 잃어버릴 위험에 놓이게 됩니다. 특정 정권이나 정당과 지나칠 정도의 밀월관계를 갖는 것은 자칫 교회의 사명을 손상시키고 동시에 많은 사람의 눈에 개신교가 한국 사회의 기득권층의 일부라는 인식을 줄 가능성이 큽니다. 신자유주의의 광풍 속에서 갈수록 빈부격차가 커지고, 많은 시민이 생존의 벼랑으로 내몰리고 있는 상황에서 교회가 기득권층의 일부처럼 보여지는 것은 결코 바람직한 모습이 아닙니다. 실제로 한국 현대사에서 한국 개신교의 주류 세력이 불의한 정치세력의 주구노릇을 자처한 일 때문에 지금도 시민사회의 비판적인 지식인들 상당수가 개신교에 대해서 냉소적인 태도를 갖고 있다는 점을 기억할 때 정치권력과 결탁하는 것은 매우 조심하고 삼가야 할 일임이 분명합니다. 교회는 교회가 가진 고유의 신앙과 윤리의 가치기준과 규범 안에서, 정치권력과 항상 일정 거리를 두고, 정치인과 정당의 비전과 정책에 대한 객관적 비판과 판단을 행사해야 할 것입니다.

### 5) 대형교회의 공적 역할

한국 교회의 신뢰도 회복과 시민사회 내에서의 왕성한 활동을 위해서는 대형교회들이 모범을 보여야 합니다. 개신교는 가톨릭과 달리 하나의 정치체제를 구성하지 못하고 있기에, 불가불 대형교회들이 한국 개신교를 사회적으로 제대로 대표해야 할 책임이 있습니다. 물론 한국기독교총연합회나 한국기독교교회협의회(NCCK)와 같은 교회 연합체들의 바른 역할도 중요하나, 일반인들에게 지명도가 있는 대형교회들의 행동과 거취는 곧바로 한국 개신교의 신임도와 직결될 수밖에 없습니다. 대형교회의 지도자들은 개신교 전체의 이미지를 염두에 두고 자신들의 목회적 가치와 방향, 프로그램, 설교의 내용들을 숙고해야 할 것입니다. 특히 대형교회 목사들의 발언은 사람들에게 기독교를 대표하는 것인 양 인식됩니다. 또 정보통신 기술의 발달에 힘입어 개교회에서 한 발언들이 몇 시간이 채 지나지 않아 전 세계로 퍼져 나가는 실정입니다. 이런 상황에서 대형교회를 담임하고 있는 지도자들은 자신들의 말이 사회적으로 어떤 파장을 일으킬 것인가를 늘 사려 깊게 생각해야 합니다.

한국의 대형교회들은 교회성장이나 해외선교에 쏟아 붓는 열정 이상의 책임을 갖고 개신교가 시민사회 안에서 수행해야 할 역할에 관심을 가져야 합니다. 대사회적인 책무를 망각한 채 오직 교회 안의 문제들에만 몰두하거나, 주변 지역을 대상으로 하는 봉사와 구제 차원에 그쳐서는 안 됩니다. 따라서 이제라도 대형교회들이 개교회 중심의 사고를 버리고 공적 영성의 모범을 보여야 하며, 자신들이 갖고 있는 어마어마한 자원들을 개신교 전체의 발전을 위해 쏟아야 합니다. 또한 한국 사회의 성화를 위해서 다음 세대의 지도자들을 키우고, 여러 기독교 기관을 업그레이드하고 전문화함으로써, 시민사회 내 개신교의 이미지를 제고하는 데 앞장서야 할 책임이 있습니다.

## 6) 타 종교와의 관계

한국 개신교와 시민사회와의 관계에서 빼놓을 수 없는 것이 타 종교와의 관계입니다. 한국과 같이 다양한 종교가 존재하는 사회에 살면서 "어떻게 타 종교와 슬기롭게 관계할 수 있는가?" 하는 질문은 피할 수 없는 문제입니다. 지금까지 한국 개신교는 타 종교에 대해 너무 편협하고 비판적인(때로는 공격적인) 태도를 취해왔습니다. 그리고 이런 태도들이 한국 사회 안에서 개신교의 이미지를 실추시키는 데 지대한 공헌을 한 것이 사실입니다. 하지만 한국과 같은 다종교사회에서는 타 종교와 평화적으로 공존하는 것이 필수적입니다. 물론 이 말은 기독교의 진리를 타협해가면서까지 타 종교의 교리에 동의하라는 말은 결코 아닙니다. 다만 오늘과 같은 다종교사회에서는 타 종교와의 지적·도덕적 실천을 통한 선의의 경쟁을 피할 수 없으며, 동시에 공공선에 관련된 안건들에는 서로 협력하는 관계를 유지해야 한다는 것입니다. 따라서 이제는 타 종교와의 관계에 대해서도 패러다임의 변화가 필요합니다.

먼저 우리는 다종교사회를 종교다원주의로 혼동해서는 안 됩니다. 전자는 서술적인 접근으로서 한 사회 내에 다양한 종교, 문화, 인종집단이 공존하는 것을 그려주는 것으로 가치판단을 배제한 것입니다. 후자는 신념과 가치의 표현으로서 종교적·문화적 상대주의, 즉 모든 종교와 문화는 동일하다는 것입니다. 필자는 후자를 반대합니다. 시민사회에서의 타 종교와의 대화와 협력을 종교다원주의로 낙인찍어서는 안 됩니다. 이는 모든 종교를 하나로 섣불리 통일시키는 것도 아니고, 모두 상대화시켜 다 같게 만드는 것도 아닙니다. 우리는 예수 그리스도의 궁극성(finality)과 유일성을 믿지만 또한 교회가 속한 지역사회 안에서 공공선의 발전과 증진을 위해 타 종교와도 협력해야 합니다. 이런 태도는 성서의 가르침에 위배되지 않습니다. 예를 들면, 다니엘과 요셉이 자신의 종교(야웨 신앙)가 극소수에 불과한 타문화 안에 살면서도 그 안에서 잘 적응하며 하나님이 주신 사명을 훌륭하게 감당해나간 것처럼, 오늘의 그리스도인들도 사회 안에서 얼마든지 자신의 신앙을 지키면서 다종교사회 속에 적응해나갈 수 있어야 합니다. 우리 그리스도인은 이미 실현된 하나님의 나라에 사는 것이 아니라 아직도 도래할 하나님 나라를 전망하고 기대하며 살고 있다는 점을 잊지 말아야 합니다.

우리는 개인 차원에서 타 종교인들을 자유로이 전도하는 것과 공적 차원에서 타 종교와 협력관계를 잘 유지하는 것을 혼동해서는 안 됩니다. 개인 차원에서 자신의 종교를 타인에게 소개하고 설득하는 것은 얼마든지 가능하고, 또 그것은 종교의 표현의 자유에 속한 고유 권한입니다. 하지만 교단의 지도자들이나 목회자들이 지역사회 안에서 지역의 공공선과 질서와 발전을 논하는 자리에서 이를 전도의 기회로 삼아 전도설교를 하는 것은 한번 생각해보아야 할 일입니다. 이런 상황에서도 성령이 역사하여 한 영혼을 살릴 수 있다고 주장할지 모르나, 그런 행동은 상식을 뛰어넘는 것으로서 많은 비그리스도인으로 하여금 마음의 문을 닫게 하고 그럼으로써 이들이 그리스도에게 올 기회를 차단할 수 있다는 사실도 염두에 두어야 합니다.

다종교사회에서 어떤 종교라도 자신의 교리만을 배타적으로 공공영역(public realms)에서 요구하는 것은 바람직하지 않습니다. 하지만 교리적(doctrinal)인 영역이 아닌 도덕적(moral) 영역에서는 앞서 우리가 살펴본 일반 계시를 근거로 다른 종교와 얼마든지 대화할 수 있습니다. 우리가 교리적인 면에서는 타 종교나 문화집단과 의견의 일치를 보지 못한다 하더라도, 도덕률과 규범의 영역에서는 대화와 의견의 일치가 가능합니다. 하나님의 규범은 일반 은혜를 통해 모든 사회 속에 편재해 있기에, 도덕적 측면에서는 얼마든지 비그리스도인들이나 타 종교와 대화할 수 있습니다. 청교도 사상에서 본 것과 같이 하나님의 주권과 섭리는 창조의 모든 영역에 미치므로, 자연과 사회 현상에 대한 연구와 분석을 통해 도덕적 보편성과 상식의 영역에서 서로 의견을 교환할 수 있는 것입니다. 이는 더욱 급속히 다원화되어가는 사회 안에서 교회가 사회적·도덕적 리더십을 행사하기 위해서는 필수적입니다. 오늘 한국 개신교의 문제는 교리와 도덕의 영역을 혼동함으로써 타 종교나 사회 제도와의 대화를 타협 또는 배교(apostacy)로 간주하거나, 혹 그런 대화에 참여할 때는 꼭 기독교의 이익과 이권에 유리한 영향을 준다고 계산이 설 때만 나섬으로써 많은 여론의 지탄과 빈축을 사고 있음을 부인할 수 없습니다.

교회는 다종교사회에서 기독교의 신앙적 정체성을 지키면서도 그 안에서 영적·도덕적 리더십을 적절히 행사할 수 있는지를 잘 생각해야 합니다. 그리고 이 문제 또한 하나님과의 친밀성과 공적 영성의 변증법적 관계 속에서 해결될 수 있다고 봅니다. 교회는 하나님과의 관계에서 자신의 정체성을 뚜렷이 하되, 동시에 공적 영성의 심화를 통해 사회 내의 영적·도덕적 영향력의 확대를 위해 노력해야 합니다. 그리고 이런 태도가 결국은 많은 사람에게 개신교를 매력적으로 보이게 만들 것입니다. 공적 영성의 커리큘럼을 통해 기독교의 창조사상, 일반 계시, 십계명, 성서의 여러 심오한 인간 경험, 그리고 일찍부터 기독교가 감당해온 역사의식에 바탕을 둔 예언자적 사명 등 수많은 신앙의 보화들을 잘 활용하기만 한다면 한국 개신교는 우리 사회의 선구자와 지도자적 역할을 다시 되찾기에 부족함이 없을 것입니다. 이에 대해 기독교는 현대인들의 문제 해결에 자신을 입증할 수 있는 많은 훌륭한 경험과 자산들을 가지고 있기 때문입니다.

> 결론

# 아시아 대륙을 흐르는
# 생명의 강물이 되어

우리는 지금까지 현재의 한국 개신교가 가지고 있던 전통적 신앙 패러다임의 한계를 살펴보고, 성서의 여러 말씀과 청교도들, 언더우드 선교사 사역의 역사적인 예에 비추어 하나님과의 친밀성과 공적 영성을 바탕으로 하는 대안의 모델을 생각해보았습니다.

한국 개신교의 패러다임의 전환이란 꼭 필요한 수술과 같은 것입니다. 수술을 받기만 하면 수명을 연장하고 건강해질 것이 분명한데, 현세의 두려움과 부담 때문에 수술을 회피함으로써 결국 생명에 위협을 받게 되는 일이 일어나지 말아야 합니다. 교회 내 패러다임의 변화를 시도할 때 초기에는 소수의 교인을 잃을 수도 있습니다. 하지만 장기적으로 볼 때 개신교의 신뢰성을 회복하고 영성에 새로운 활력을 불어넣을 수 있습니다. 이것은 유기 농업의 원리와도 같습니다. 오랜 비료 사용으로 인해 산성화된 땅에 비료를 쓰지 않으면 당장은 생산성이 떨어지겠지만, 유기농으로 땅의 토질을 개선한다면 그곳에서 장기간 질 좋고 풍성한 곡식과 채소를 거둘 수 있는 것처럼, 한국 개신교도 산

성화된 한국 사회 문화의 토질을 생명을 걸고 바꾸어야 할 때가 온 것입니다. 자신들이 속아 먹을 수 있는 것만 생각하고서는 땅의 체질을 회복시킬 생각과 의지가 없이 자신과 주변만 산성화시키는 그런 교회들이 아니라, 한국 사회의 영적·사회적 토양을 혁신함으로써 개신교 전체가 존경받을 수 있는 일들을 생각하는 교회들이 되어야 합니다.

이제 한국 개신교는 기복적이고 권위주의적인 영성이라는 옛 패러다임과 결별하는 동시에 하나님과의 친밀성, 이웃 사랑의 공적 영성에 뿌리를 둔 새로운 패러다임으로 전환해야 합니다. 아놀드 토인비가 『역사의 연구』에서 말한 것처럼 문명의 사활과 성패가 어떻게 외부의 변화와 환경의 도전에 응전하느냐에 달려 있다면, 개신교의 패러다임 전환은 한국 내에서의 생존과 발전을 위해 꼭 겪어야 할 과정입니다.

세계화 시대에 각 국가와 문화마다 침범해오는 외부의 문화(대부분 서구문화)에 대하여 자신의 전통과 역사와 문화를 강조하고 재발견하려는 분위기가 강합니다. 이런 분위기 속에서 한국 개신교는 다른 종교들과 원하든 원치 않든 간에 경쟁적 위치에 서 있습니다. 이런 경쟁 속에서 한국 개신교가 상대에 대한 비방이나 공격보다는, 종교를 찾는 많은 사람에게 "기독교 신앙"의 진수와 매력을 보여줘야 합니다. 특히 한국에서 상대적으로 짧은 역사를 가진 개신교가 전통종교에 의해 "외부의 수입 종교"라는 이데올로기 공격을 받아 수세에 몰리기 쉬운 때에 하나님과 친밀하며 역사에 민감하고 사회변화를 추구하는 공적 영성을 통해 사람들에게 새로운 삶의 방법과 양식을 제시해야 합니다. 특히 남북통일의 문제, 계층 간의 갈등, 사회통합, 그리고 다문화, 다인종 시대로 나아가는 한국의 사회 현실 속에서 공적 정신으로 무장한 개신교 신앙이 심히 크게 공헌할 것입니다.

## 한국 개신교와 아시아의 기독교 문명화의 사명

한 걸음 더 나아가 공적 영성을 회복한 한국 교회는 21세기 새로운 아시아 문명의 탄생에 공헌할 바가 매우 크다고 봅니다. 에스겔 47장의 비전을 우리의 상황에 적용해본다면, 성소에서 흘러나온 강물이 흘러가는 광야는 가깝게는 한국 사회, 좀더 멀리는 아시아 대륙 전체라고 볼 수도 있습니다. 한국에 언더우드 선교사를 통해 복음이 전해진 후 짧은 역사에도 불구하고 괄목할 만한 발전이 이루어진 이면에는 한국 교회가 아시아 국가들을 위해 감당해야 할 사명이 있으리라고 생각합니다. 이 사명은 바로 21세기에 이르러 아시아 대륙에 기독교를 바탕으로 한 새로운 문명을 싹트게 하는 것이 아닌가 생각해봅니다. 이스라엘이 고대 근동의 여러 도시 국가 속에서 새로운 모델의 정치 공동체를 창출하여 주변 나라의 빛과 제사장의 역할을 감당한 것과 같이, 또 미국의 청교도들이 기독교 사상의 영적 뿌리 위에 계몽주의의 이성을 효과적으로 사용하여 인권사상, 계약주의, 자본주의, 민주주의라는 근대 문명의 제도를 탄생시키고 이를 통해 세계에 많은 영향을 준 것처럼, 혹 한국 교회도 21세기에 동양의 빛과 제사장의 직분을 감당하는 사명이 주어져 있는 것이 아닐까요? 이런 면에서 한국 개신교의 변혁은 한국 사회 안에서의 영적·도덕적 지도력을 발휘하는 사명뿐만 아니라 아시아를 향한 소통과 선교적 사명과 밀접한 관련이 있습니다.

21세기의 세계가 태평양 중심시대가 될 것이라면, 한국과 중국과 일본이 그 중심역할을 할 것입니다. 이 중심역할을 제대로 하기 위해서는, 경제적으로 발전해가는 아시아와 근대문명의 발원지인 서구사회를 기독교 사상으로 이어주는 가교의 역할을 하는 일이 필요합니다. 한국 개신교는 이제 공적 영성을 통해 아시아 많은 나라가 겪고 있는 서구제도와 동양 전통 사이의 갈등을 복음 안에서 잘 정리하여 21세기 세계 평화와 공동선에 공헌할 수 있는 새로운 아시아 문명 탄생에 일조해야 합니다.

오늘의 한국은 현재 여러 면에서 미국과 중국(해양세력과 대륙세력)을 잇는 문명의 교차로에 서 있습니다. 미국 등 서구의 영향을 받아 중국보다 먼저 산업화·민주화를 이루었기 때문입니다. 한국의 많은 경험을 중국이 배워갔습니다. 그리고 이제 한국에는 중국과 일본에 몇 걸음 더 앞서서 전통적인 동양문화와 서구문명의 여러 창조적 혼합과 재구성이 실험되고 있습니다. 아시아의 문화와 전통에 대한 관심이 커가는 지금 시점은 새로운 시대적 문명이 아시아에서 태동될 수 있는 징조를 보입니다. 하지만 이 문명은 결코 전통적인 동양문화의 재현도 서양문화의 무조건적인 수입도 아니라, 이 둘의 창조적 혼합일 것입니다. 한국 교회는 이런 시대적 상황을 그냥 지나쳐서는 안 됩니다. 마치 이스라엘이 지중해 연안에 자리 잡고 동서를 잇는 가교의 역할을 한 것처럼, 한국 교회도 그 절묘한 지정학적 위치에서 중국보다 먼저 이룬 근대화, 민주화, 기독교 발전을 바탕으로 새로운 문명의 방향성을 제시하고 실험해야 합니다. 하나님은 심오한 계획과 섭리 속에서, 이스라엘 민족과 2천 년 역사 동안 여러 그리스도인을 사용하셨던 것처럼, 우리 민족으로 하여금 약소민족의 가난과 압제의 설움, 한을 신앙으로 극복하게 하셨습니다. 또 경제 발전과 많은 인적 자원으로 우리 민족을 준비시키신 하나님이 이제 아시아에서 그 역사적 사명을 감당하도록 우리를 부르시는 것입니다.

한국 개신교의 패러다임 변화와 선교적 사역은 그리스도인들이 급속히 늘어나고 있는 중국에 큰 공헌을 할 수 있습니다. 오늘날의 시대는 유럽 교회의 약화로 미국과 아시아 교회가 세계 선교에서 차지하는 위치는 점점 더 커지고, 중국의 개방과 현대화에 따르는 여러 변화 속에서 아시아 사회와 문화를 떠받쳐줄 수 있는 새로운 영성과 정신체계가 필요한 때입니다. 특히 중국의 초강대국화가 앞으로 한국의 정치와 경제는 물론 세계 인류 평화와 공존의 측면에서 지대한 영향을 줄 것으로 예상해볼 때, 이는 더욱 절실히 요청되는 사항입니다. 사실 아편 전쟁 이후 중국은 서양과의 관계에서 그 오랜 자존심을 굽히고 중체서용(中體西用)이라는 이데올로기를 앞세워 서양의 문물과 제도를 거의 무조건적으로 받아들여 발전하는 데에 성공하였습니다. 그러나 한국과 마찬가지로 이 문물과 제도에 맞는 가치관을 찾지 못한 데서 생기는 정신적 공백으로 많은 후유증을 앓고 있습니다. 일본 또한 경제대국은 달성하였지만 이런 범세계적 사상과 가치, 정신체계의 결여로 인해 세계의 정신적 지도자 역할은 감당할 수 없는 상태입니다. 중국의 이런 정신적 공백 상태는 중국 자체의 부패를 통한 도덕적 붕괴를 가져오든지, 아니면 패권주의를 통해 내부 결속을 시도할 가능성이 농후합니다. 범인류적 정신적 가치와 사상이 바탕이 되지 않은 기술과 과학의 발전과 군사력은 주변에 많은 폐해를 가져올 수 있습니다. 이런 일이 일어나지 않도록 미리 준비해야 하는데, 외부의 힘의 견제와 더불어 이 준비의 큰 부분은 중국 자체의 민주화와 시민사회의 발전입니다. 한국 개신교는 우리가 계발한 패러다임을 나누고 중국 교회를 공적 사명으로 무장시켜, 중국 내 인권과 민주화에 초석이 되도록 도와야 합니다. 이 사명은 현재의 미국과 중국의 대립 관계, 또 중국의 반외세·반서양의 역사적 정서를 볼 때, 미국의 개신교가 감당하기란 매우 어려운 일입니다. 이는 미국의 기독교를 동양적 안목과 토양에서 소화한, 그리고 지리적으로나 문화적으로 중국에서 가까운 한국 교회가 감당해야 할 선교적 사명입니다.

한국에서와 마찬가지로, 중국을 복음화하는 작업은 단순한 구령화 이상의 큰 의미를 갖습니다. 그것은 급격히 현대화되는 중국 사회에 새로운 기독교적 가치에 바탕을 둔 제도와 법률, 그리고 문화적 정서를 제공하는 일입니다. 이 사명은 그동안 한국 개신교가 중국 대륙에 쏟아부은 막대한 인원과 물량의 선교적 사역을 한 단계 더 승화시키는 일입니다. 이는 한국 개신교가 중국 그리스도인들을 통하여 중국에 우리가 체득한 새로운 윤리사상과 가치관을 나눔으로써 중국의 초강대국화가 패권주의로 치닫는 것을 예방할 뿐더러, 그들이 기독교를 통해서 얻은 보편적이고 우주적 가치를 바탕으로 세계평화와 인류공영에 기여할 수 있도록 미리 물꼬를 트는 것입니다. 한국의 입장에서는 이 일이야말로 장차 남북이 통일되기 전까지, 또 그 후라도 북한 사회에 좋은 정치적·정신적 영향을 끼칠 수 있는 일석이조의 준비 작업이라고 볼 수 있습니다.

하지만 이와 같은 과제는 단순히 교회의 열정과 조직력이나 물량만으로 되지 않습니다. 신학적인 사고와 성찰을 통해 말씀의 오묘한 세계를 이해하는 영적인 깊이와 더불어, 문화의 변화와 시대의 여러 이데올로기들의 정체를 이해하는 지적 싸움이 없이는 우리가 새로운 문명과 시대를 여는 리더십을 행사하기 어렵습니다. 오직 친밀성과 공적 영성을 조화하는 신앙, 즉 창조의 세계를 구원의 역사의 빛 아래서 재해석하는 작업 가운데서만 한국 개신교가 자기만족에 머물러 있는 조그마한 웅덩이가 아니라 도도히 흐르는 역사의 흐름의 선두에 서서 아시아를 이끌어가는 교회가 될 것입니다.

아시아 CNN 방송에서는 외국인들에게 한국을 소개하는 "Hi Seoul"이라는 광고를 합니다. 이 광고의 대표적인 문구가 "Seoul, the Soul of Asia"입니다. 이 광고를 보면서 한국 개신교의 사명이 21세기 아시아의 소울이 되는 것이 아닌가 생각해보았습니다. 모세가 자신과 민족의 아픔과 모순의 역사 속에서 새 인류 공동체의 비전을 잉태해낼 줄 알았던 것처럼, 한국 개신교는 우리가 겪은 여러 식민지의 핍박과 전쟁의 고통, 가난, 민주화의 과정에서 겪은 아픔의 역사에서 한국과 아시아를 위한 미진과 가치를 만들어내는 교회가 되어야 합니다. 이것이 개신교가 다시금 한국 국민들에게 존경받는 종교로 자리매김하는 것은 물론, 한반도 내 아시아의 다른 지역에서는 찾아볼 수 없는 개신교의 부흥을 허락하신 하나님의 뜻을 이루어 드리는 일입니다.

한국 교회, 패러다임을 바꿔야 산다
변화와 갱신을 위한 로드맵

Copyright ⓒ 이학준 2011

1쇄 발행   2011년 5월 25일
7쇄 발행   2015년 7월 17일

지 은 이   이학준
펴 낸 이   김요한
펴 낸 곳   새물결플러스
편     집   왕희광·정인철·최율리·박규준·노재현·최정호·최경환·한바울·유진·권지성
디 자 인   이혜린·서린나·송미현
마 케 팅   이승용
총     무   김명화·최혜영
영     상   최정호

홈페이지   www.hwpbooks.com
이 메 일   hwpbooks@hwpbooks.com
출판등록   2008년 8월 21일 제2008-24호
주     소   (우) 158-718 서울특별시 양천구 목동동로 233-1 (목동) 현대드림타워 1401호
전     화   02) 2652-3161
팩     스   02) 2652-3191

ISBN 978-89-94752-05-1   03230

책값은 뒤표지에 있습니다.